Volkmar Staub

# WELTANSCHAUUNG

## Sprengsätze aus der Grundlügenforschung

20.3.10

2. Auflage 2014


Druckerei: AALEXX Buchproduktion GmbH, Großburgwedel
Produktion: BlueCat Publishing GbR
Umschlaggestaltung: Viola Schwartz
ISBN 978-3-938625-78-1

*„Die unten sind, müssen unten bleiben, weil die oben sind, oben bleiben, und der Oberen Niedrigkeit ist ohne Maß“*
(Bertolt Brecht „Die heilige Johanna der Schlachthöfe“)

*„Was Ihr den Geist der Zeiten heißt, das ist der Herren eigner Geist, in dem die Zeiten sich bespiegeln“*
(Goethe „Faust I“)

*„Wir haben die Kunst, damit wir nicht an der Wahrheit zugrunde gehen“*
(Friedrich Nietzsche)

*„Heute löken die meisten mit dem Stachel“*
(Theodor W. Adorno)

*„Wer sich nicht lebt, wehrt sich verkehrt“*
(von mir selber)

INHALT

# I. WELTANSCHAUUNG



*Angaben der Seitenzahlen dienen der Suche des Themas im durchlaufenden Text. Das schafft Ihr!*

## II. SPRENGSÄTZE

## III. VER- UND ZERSTREUTES

# I. WELTANSCHAUUNG

*(Premiere 6.10.2010, Vorderhaus Freiburg)*

*Bühnenbild: Ambiente einer Gartenwirtschaft, Kastanienbaum, Stuhl und Gartentisch mit Aschenbecher, Bierstengel, einem Glas Wein und Zigaretten*

Hallo. Grüß Gott alle miteinander. Was für eine herrliche Aussicht wieder – super!
Ist hier zufällig noch frei? – Schön. Ich frag nur, weil hier schon ein Getränk steht. Gutedel ... Haltinger Stiege 2008 ... gelesen am 21. Oktober ... morgens um halb elf ... Moment, ... von einer polnischen Erntehelferin. Was man alles so rausschmecken kann, toll!
Hier sitz ich halt am liebsten. Genau auf dem Platz. Man kann schön, e bißle von oben herab, in die Gegend schauen.
Auch heute wieder schöne Aussicht: Hie und da mal hübsche Hügel, ha ja, man sieht ja immer nur Ausschnitte ... von der Welt, da einige alte Häuser, hie und da auch mal ein Dachschaden.
Da hinten dann die Abgründe ... des Rheintals.

Ein grandioser Blick. Links die Alpen, davor der Schweizer Jura, der französische Jura, die Vogesen, dazwischen die Burgunder Pforte, da sieht man tief rein nach Frankreich, bei guter Sicht bis zum Atlantik, dann weiter Karibik, Amerika, Pazifik, – da braucht man dann schon sehr gute Sicht –, dann schweift der Blick weiter ... Japan, ganz Asien bis zur Türkei, und dann schleicht sich über den Balkan der Blick praktisch von hinten wieder an.
Oder man blickt das Rheintal hoch, Norddeutschland, Skandinavien, Arktis, hinten runter, weiß gar nicht genau was da ist ... bis zur Antarktis, dann Afrika hoch, Italien, bis der Blick sich dann schon etwas müde über die Alpen quält. Genau da, zwischen Eiger, Mönch und Jungfrau müsste er auftauchen

So, und wer jetzt aufgepasst hat, der müsste eigentlich genau wissen, wo ich sitz. Nämlich? – Im Ochsen in Ötlingen. Den wenigen, denen Ötlingen jetzt nichts sagt, sei gesagt: Ötlingen liegt im äußersten Südwesten unserer Republik, in den Ausläufern des Schwarzwalds, Dreiländereck Schweiz, Frankreich, Deutschland. Und dieser Ochsen, der hat eine sagenhafte Terrasse – für mich einer der schönsten Aus-

sichtspunkte der Welt. Ein „Freisitz".
Da lässt sich gut nachdenken, philosophieren über den Lauf der Welt. Ein freier Blick macht auch den Kopf frei.

Ich hab ja die Theorie, dass je nachdem wo man geboren wird, – ob mit freier Sicht oder in der Enge eines Tales-, dass das auch den Charakter formt. Ich denk immer: Wer mit so einer freien Sicht wie hier aufwächst, oder irgendwo am Meer, der kann doch auch sonst nicht engstirnig sein!
Nimm mal die Eskimos, die Inuit, die sehn immer übers ewige Eis bis zum Horizont, höchstens ein Eisbär verstellt mal den Blick in die untergehende Sonne, die sind friedlich, die ham nicht mal ein Wort für Krieg. Die wissen gar nicht was das isch.
Hingegen die Wikinger in den engen Fjords von Norwegen, die hats immer kriegerisch rausgezogen, die wollten wissen, was um die nächste Kurve isch. Mit dem Schlachtruf „Fort ausem Fjord" sind sie dann halt in ihre Kanus gehüpft, ham zum Angeln grad noch ihre Ruten mitgenommen und sind hurtig davongepaddelt. Deshalb heißt die Schiffahrtslinie da oben bis heute Hurtigruten.

Oder nimm die Skipetaren in den tiefen Schluchten des Balkan. Ich sag nur Kosovo. Talbewohner können nix dafür, die fühlen sich erschlagen von dene Berge rundum, da werde die irgendwann aggressiv, die denken immer nur bis zur nächsten Bergwand, oder bis zur nächsten Talkurve, im Hindukusch heißen die dann sogar „Taliban". Warum jetzt „Bahn" weiß ich jetzt auch nit, wo die doch meistens auf Esel unterwegs sind. Wer hingegen immer bis zum Horizont sieht, der neigt auch sonst zur Weitsicht und behält die Übersicht.

*Franz Bürgele (F): So, Volkmar, bisch wieder mal am Grüble?*
V: Du, ich denk halt so vor mich hin. Man wird doch mal e bißle nachdenken dürfen
*F: Ja, ja, das kommt bei Dir vom viele Lesen. Wemmer zuviel liest, fällt mer gern mal ins Grüble, und wemmer z viel grübelt, kommt mer ins Denke und darüber dann oft wieder ins Grüble*

Der Bürgele Franz. Einer von de Stammtischbrüdern. Es kommen ja die verschiedenste Vögel hier im Ochsen vorbei. Aber der Franz sitzt eigentlich immer da.

*F: Volkmar, kennsch den?*
V: Ja, den kenn ich
*F: Du weisch ja noch gar nit welchen*
V: Komm, Deine kenn ich alle
*F: Kommt ein Angestellter vom Urlaub zurück...*
V: Ja, der isch super.
*F: Kennsch den wirklich?*
V: Klar, kenn ich den
*F: Egal, ich erzähl ihn trotzdem: Auf jeden Fall fragt ihn der Chef: Und wie wars im Urlaub in Brasilien? „Ach höre sie auf", sagt der Angestellte, „in Brasilien gibt's nur Fußballer und Nutten". „ Hallo, Sie wissen aber schon, dass meine Frau Brasilianerin isch?!" –„ Ach so, in welchem Verein hat sie denn gspielt?" Ha. Ha.*

Ja, ja, so ischer halt, der Franz, immer einen auf Lager. Zum Glück sitzt er noch allein rum. Wenn erst mal noch der Paranoia Paul kommt, der isch ja gar nicht zu bremsen.

Daß wir alle da sind, isch ja reiner Zufall. Wenn man mal überlegt, wie viele Momente dazu geführt ham, dass wir heut so zusammen sitzen, wie wir zusammensitzen. Daß es jeden Einzelnen von uns überhaupt gibt – Zufall. Daß wir leben, da mussten sich ja bei jedem von uns Billionen von Atomen auf äußerst raffinierte Art und Weise zusammenfinde, bei jedem eine hoch spezielle, ganz besondere Anordnung, die vorher so noch nie da war, bis es zu so einem Protoplasmahaufen kam, zu dem Du Ich sagsch.

Wenn man uns zerlegt, Atom für Atom, dann bleibt nix übrig als ein Haufen Atomstaub. Wenn wir nicht so romantisch veranlagt wären, wir Menschlein, dann könnte man sagen wir sind letztlich nix anderes als stellarer Atommüll. Sternenstaub. Irgendwann isch da eine Sonne explodiert, dann hat sich Wasserstoff und Helium entwickelt, H und He und dann die ganzen Atome. Und aus dieser toten Materie hat sich dann unser lebender Gesamtkörper entwickelt.
Das Leben an sich: Reiner Zufall. Wenn ich mal überleg: Dass ausgerechnet dieses eine Sperma von meinem Vater ausgerechnet die Eizelle meiner Mutter gfunde hat, dass ich dadurch ausgerechnet in Mitteleuropa genau in dem Haushalt aufgewachsen bin, so dass ich die und die Interessen entwickelt hab, aus heiterster Verzweiflung

Kabarettist geworden bin, bis hin zu dem Zufall, dass der Veranstalter mich ausgerechnet auf den heutigen Abend eingeladen hat. Alles glückliche Zufälle, sonst säßt ihr heute Abend allein da und wüsstet nicht, warum ihr auf eine leere Bühne schauen solltet!

Wenn man über so Grundsätzliches nachdenkt, dann interessiert mich doch nicht mehr die Tagespolitik, ob der Seehofer sich grad mit dem Guido kappelt, ob die Ursula von der Leyen Hartz IV in Zukunft „Basisgeld" nennen will, oder „Loser-Boni" oder von mir aus „Uschi I", oder ob die FDP jetzt wieder mit „Fast drei Prozent" buchstabiert werden kann, mein Gott! – Obwohl, das isch lustig. Dieser steile Absturz der FDP, der hat mir gefallen. Radikaler abgestürzt ist eigentlich nur der Möllemann selber damals. Und ob sich beim nächsten Mal für den Westerwelle der Fallschirm vor der 5 % Hürde öffnet, wird man sehn.

Gut, es gibt schon ein paar Highlights im Kasperletheater. Wenn der Bischof Mixa sich wieder mal zu Wort meldet oder so. Der Papst hat den Mixa ja im Sommer in den Vatikan zitiert.

*Mixa(M): Grüß Sie Gott Heiliger Vater*
*Benedikt (B): Grüß Dich Walter, laß den Heiligen Vater weg, für dich bleib ich der Joseph. Wie geht's Dir?*
*M: Na ja, den unglücklichen Umständen entsprechend. Niemals habe ich aber...*
*B: Ich sag Dir gleich, in Dein Amt kann ich Dich natürlich nicht zurück lassen nach Deinen Sünden. Du kennst ja die Mischpoke der Presse. Die taz schreibt bereits über uns: „Unter den Talaren ein Puff seit tausend Jahren!"*
*M: Aber ich habe doch nur einige Watschen verteilt, weil auch Jesus schon sagte, wenn Dich einer auf die rechte Wange schlägt...*
*B: Ja, ja. Ich weiß, ich weiß. Es hat noch niemanden geschadet, wenn der Watschenbaum umgefallen ist. Aber jetzt mal Hand aufs Herz:. Wie wars bei Dir mit den Meßknaben?*
*M: Wenn ich dazu bemerken darf, diese heidnischen Reformpädagogen, diese 68er und 175er in der ..äh, äh...Hodenwaldschule haben ebenfalls Unzucht getrieben*
*B: Jetzt red nicht drum rum: Hast Du oder hast Du nicht?*
*M: Also, sagen wir mal so: Wie Du weißt steht in der Bibel: „Laßet die Kindlein zu mir kommen", und ich muß zugeben, auch ich habe mich mit der Exegese da wirklich nicht leichtgetan.*

*B: Heiliger St. Blasius!*
*M: Man muß ja wissen, dass die Bibel davon ausgeht...*
*B: Kruzifix, erklär Du mir bitte nicht die Bibel! Als ich von Deinen Verfehlungen gehört habe, lieber Walter, da dachte ich Du hast nicht mehr alle Obladen in der Monstranz. Ich mache mir Sorgen wegen den ganzen Mißbrauchsfällen*
*M: Als geistlicher Lehrer hat man ja auch schon qua Amt immer eine Missionarsstellung inne...*
*B: Mein Gott Walter!*
*M: Vielleicht haben auch einige bloß die „Liebe zur Pädagogik" mit Pädophilie falsch übersetzt. Auch das Wort „Blas-Phemie" ist offenbar falsch verstanden worden.*
*B: Um Gotteswillen, was machen wir denn jetzt mit Dir? Wie kriegen wir wieder die Flecken von der Kutte? Ich werde Dich, lieber Walter, erstmal zur Kur nach Basel in die Klapse schicken und anschließend zu meinen Benediktinerinnen in ein Nonnenkloster*
*M: Benediktinerinnen? Die schärfsten Bräute des Herrn!*
*B: Aber eines sage ich Dir, lieber Walter, in Zukunft übst Du etwas mehr Zurückhaltung mit Deinen Watschen*
*M: So sei es. Wenn ich aber vielleicht noch kurz etwas anmerken dürfte: Vielleicht sollte man auch den Kelch der Keuschheit nicht immer auf einen allzu hohen unerreichbaren Sockel stellen.*
*J: Ja. Man sollte vielleicht auch mal einen runterholen. Pfuiti Walter – und jetzt schleich Di!*

Und so kam der Mixa in Sicherheitsverwahrung. In einem Nonnenkloster.

Letztlich sind wir ja alles Afrikaner. Das Leben selber kam ja aus dem Wasser, dann sind wir eine Zeit lang auf dem Boden rumgekraucht, so Ur-Lurchis, und irgendwann sind unsere Vorfahren auf die Bäume geklettert. Dadurch hat sich dann nach und nach eine hoch organisierte Greifhand entwickelt, wovon heut noch Handball- und Gitarrenspieler profitieren. Ohne dieses durch den Urwald hangeln wäre ein Eric Clapton nicht denkbar.
Es isch interessant, wie so etwas langfristig doch alles zusammenhängt.

Später ham wir dann den aufrechten Gang entwickelt. Das kam so: Durch ein großes afrikanisches Erdbeben gabs einen großen Graben,

– vermutlich isch irgendeine atlantische Erdplatte gegen den Kontinent gedotzt – wir waren grad in der Savanne unterwegs gwese – also als Affen noch – und konnten durch diesen Riss nicht mehr in den Urwald, sondern mussten in der Savanne bleiben. Und das war aus verschiedenen Gründen problematisch. Erstens war das Gras so hoch, dass es uns immer unter den Achseln gekitzelt hat, daher auch immer dieses seltsame Gekicher bei den Primaten, ha ha ha, und zweitens mussten wir uns immer wieder mal aufrichten, man musste sich ja nach einem Futtertier umschauen oder kucken, ob sich da nicht ein Löwe anschleicht, der sich wiederum uns als Futter ausgespäht hat.

Und so ham wir den aufrechten Gang gelernt. Bandscheibenvorfälle, Hexenschuß, oder sonstiges Zwicken im Rücken sind letztlich Folgen von damals, von diesem unnatürlichen aufrechten Gang. Kieser und andere Rücken-Discounter verdanken ihren Boom eigentlich einem afrikanischen Erdbeben.

Kaum hatten wir dann den aufrechten Gang drauf, haben wir mit der Migrationsbewegung von Afrika Richtung Norden angefangen. Und für diese Wanderung war natürlich die entwickelte Greifhand von entscheidender Bedeutung. Kein anderes Tier – egal wie stark und groß es ist – hätte so weit einen Koffer tragen können wie wir. Hasch schon mal einen Löwen oder ein Nashorn mit einem Koffer gsehn? – Also.

Und wenn Du dann abends dann mit deiner Horde an einem Fluß gesessen bisch, plötzlich fings an zu gewittern und es hat geblitzt, da hat man doch gedacht, ja scheiße, da fotografiert uns doch einer, oder er schießt gar. Oder mehrere! Und so kamen die ersten Gottesvorstellungen. Da war doch klar: Da oben muß doch einer sein. Das war der erste Gottesbeweis: Da oben sitzt ein Schlechtwettergott. So hasch Du dann irgendwann auch einen Sonnengott nachgewiesen. Oder einen Fruchtbarkeitsgott. Ihm zu Ehren hasch du Liegestützen auf Deiner Frau gemacht und siehe: 9 Monate später hat er dich erhört.

Daß es nur einen Gott gibt, der für alles zuständig isch, der Monotheismus, das kam später. Den hat der ägyptische König Echnaton erfunden, wir erinnern uns: Echnaton – der Mann von der Nofretete. Die hat er später dann ja zum Anschaffen in eine als Museum getarnte peepshow nach Berlin verkauft.

Und diesen Monotheismus hat der Moses dann bei seiner Flucht aus Ägypten mit nach Palästina genommen. Daraus sind ja dann alle drei monotheistische Religionen entstanden: Das Judentum, Christentum und der Islam.
Alle drei berufen sich auf Abraham, haben also den gleichen Ursprung ... in der Schüssel!
Und dieser abrahamitische Gott, egal ob man ihn Jahwe, Gott oder Allah nennt, das muß ich ja jetzt schon mal sagen dürfen, also wenn Du mal wieder das alte Testament liesesch, was ich gemacht hab, und Du noch einigermaßen alle Kugeln am Weihnachtsbaum hasch, dann wird Dir klar, das war ein eifersüchtiger, kleinlicher, ungerechter, nachtragender, rachsüchtiger ..., blutrünstiger, frauenfeindlicher, homophober ... rassistischer, kinder- und völkermordender ..., größenwahnsinniger, launischer Tyrann, war des doch, ein sadomasochistischer!

Aber gut, die meisten von uns Kabarettisten oder von euch agnostischen Kabarettbesucher glauben ja eh an nix. Seit Nietzsche glauben wir zu wissen: Gott ist tot. Auf der andern Seite ist mancher dann doch verunsichert, weil im Todesjahr von Nietzsche Ende August 1900 ein bis heute Unbekannter die Anzeige aufgegeben hat:
„Nietzsche ist tot. Gott"

*Gott:*
*„Ich bin ein zürnender und strafender Gott. Bevor ihr mich verleugnet, oder ganz rausschmeißt, geh ich grad von allein.*
*Ich kündige. Ich hör auf, ich tret zurück. Schluß aus, ich will auch keine Abfindung, findet ihr euch damit ab. Macht Euern Scheiß allein.*
*Geschätzt habt ihr mich eh nie. Ich wollte ja nur, dass man mich ein bisschen respektiert, aber Du, Muselmann, der Du mich Allah nennst, Allah, ja bin ich Mannheimer? Ich hab keinen Namen!*
*Und wieso betest Du zu mir eigentlich Richtung Mekka, ich bin überall!*
*Ah, weil dort die Kaaba steht? – Kaba! Den trinkt man als Plantagentrank, gottverdammmich noch mal!*
*Und dann verschleiert ihr eure Frauen. Was soll das? Wann hab ich das verlangt? Ich schau durchaus auch mal gerne hin, wenn ich sie besonders gut gebaut hab. – Aber ne, ihr verhängt sie! Gut, bei manchen ist es besser. Ich geb ja zu, die hab ich auch geschaffen. Das passiert selbst bei VW. Montagautos, Kruzitürken noch mal!*

*Und was habt ihr eigentlich gegen Alkohol? Schmeckt doch gut. Hab ich auch geschöpft!*

*Oder ihr jüdischen Gläubigen – zu Euch Christen komm ich gleich –: Warum hauen Eure Orthodoxen eigentlich Ihre Schädel wie die Wahnsinnigen gegen die Klagemauer? Was soll das? Seid ihr bekloppt?*
*Oder warum schneidet ihr euch die Vorhaut vom Schniedelwutz? Passt Euch nicht, dass ich euch den Schutzlappen da drangebastelt hab?*

*Kommen wir zu Euch Christen: Ich schick meinen Sohn, leg ihn euch an Weihnachten in die Krippe und statt dass ihr euch freut, schlagt ihr Euch an Heiligabend die Plautze voll, schenkt Euch unnützes Zeugs und anschließend besingt ihr mich mit „Oh Tannenbaum". Ja glaubt Ihr, ich bin aus Holz oder was? Nadel ich? Duft ich nach Klospray?*
*Oder an Ostern: Ich laß ihn für euch am Kreuz sterben, damit euch die Sünden vergeben sind, laß ihn dann auferstehen, ja, und was macht ihr? Ihr malt Hühnereier bunt an und sagt, die wären von einem Hasen.*
*Da fühl ich mich doch verarscht. Komm, geh – für mich seid Ihr alle gestorben!"*

Einfach das weiterglauben, was einem von Kindesbeinen an gepredigt wurde, das ist einfach. Letztlich isch es feige. Wer wirklich glaubt, muß doch auch zweifeln.
Wenn einer glaubt, er sei Christ, bloß weil er jeden Sonntag in die Kirch rennt, der irrt sich. Man wird ja auch nicht zum Auto, wenn man sich in eine Garage stellt.
Ich sag immer: Gottseidank bin ich Atheist.

Dieser Kruzifixstreit in den Schulen ist doch peinlich. Wenn Kruzifixe ja, dann konsequent, dann solle sie auch 7-armige jüdische Armleuchter, Elephantengötter und anderes Zeugs danebehängen dürfen, ich wär eher für alles verbieten und dafür dann von mir aus spezielle Gebetsecken einrichten, einen Fun-Park für alle Religionsgemeinschaften, für die Wahnsinnigen jeglicher Couleur, ein Religions-Grusel-Kabinett, eine Geisterbahn im Keller, wo man bei Benutzung Eintritt bezahlt, der dann von mir aus mit der Kirchensteuer verrechnet wird. Eigentlich gar keine so schlechte Idee: Die Hindus kriegen einen Reinkarnations-Simulator hingestellt, wo sie sich schon mal in die nächste Seele als Huhn einfühlen können, daneben eine Puppenstube

mit Stricknadeln für voodoo-kids, anthroposophische Kinder dürfen schon mal üben, wie man in einem runden Raum in die Ecke pinkelt, für die Scientologen steht eine Waschmaschine für die Gehirnwäsche rum und für die Zeugen Jehovas ein Buswartehäusle, wo sie aufs Weltenende warten können.
Okay, da muß halt dann alle paar Jahr ein neuer Fahrplan geschrieben werden.

Ich hab neulich eine Statistik gelesen, die find ich sehr interessant: Inzwischen gibt's wesentlich mehr Mitglieder in Fitness-Clubs als in der katholischen Kirche. Vom Gerätepark her auch verständlich. In einer katholischen Kirche findsch Du grad mal einige Bänke für Kniebeugen und Sit-ups, und vorne steht meist noch eine Art Reck in der Gegend rum, aber das ist ja schon immer besetzt.

Wieder andere machen den Sport selber zu ihrer Weltanschauung, zu ihrem Ersatzgott.

*Extröm-Sportler:*

*I brauch immer aans mehr, bin nie hinterher, und wenns mal so wär, das wög für mi schwer – Wo andere sich längst schon böse überheben beginnt für mi das Leben, i mueß vorwärts streben, die Muskeln erleben, mi fühlen, erhitzen, die Lage zuspitzen, die Ritze verschwitzen oder unterkühlen/ an Frust wegspülen, yes i can, i´m the ironman, i bleib net stehn, mueß weitersehn, I mueß mei Pump´n überdrehn – mitem Hundeschlitten durch die Dolomiten, wer mi überholn will, ja, der hat sich gschnitten – morgens bergobi mit´n mountainbike, a Höllensprung übern Bergsee bei Gasteig, mittags extröm-Ski, mueßt richtig wachseln, abends dann klettern, i nenn es krakseln, und nachts in der Wand, fei ganz galant, dös is allerhand, im Zelt überhängend Langstreckenschnakseln/ freestyle, freestyle, freestyle ist geil, my life is Bungie-Jumping – ohne Seil!*
*Extröm*
*Ja, Jetzt geht's ab*
*Extröm*
*Dös is mei Dag*
*Extröm*
*Bequem is zu bequem*

*I will mers göm*
*I will mers göm*
*I will mers göm*

*I flieg mit die Schwalben mit hundert Sachen an meinem Gleitschirmdrachen, was soll i machen, i lass es krachen – I bin da Steve McQueen of Adrenalin, ihr sagt i hob en Spleen, jo, das nehm i hin, i bin wie i bin wie i bin wie bin. Grenzwertig grenzenlos überschreit i alle Grenzen, i muß immerzu glänzen, Himalaja rumkrauchen, ohne d´Hax´n verstauchen, im Gletschersee tauchen, a Joint dazue rauchen, meine Träume müssen in den Himmel schießen, sich ins All ergießen, in den Höllenhimmel, bevor i hier verschimmel, – I mueß mit dem Schädel durch alle Türen, i mueß mi spüren, spüren, spüren, das Feld anführen, immer in Extase, i rase und rase, i brauch die ganze Straße, der ganzen Blase dreh i die Nase, klar – es is wahr: – i brauch schwer Kraft, doch die Schwerkraft lehn i ab, dös is es Grab, i hau ihr ab, i will nöt kleben an der öden blöden schnöden Erden – i wüll Champignon werden, – i brauch net zu dopen, um die andern zu foppen, i bin net zu stoppen, i lauf allen davon, selbst wenn i mi schon, i brauch das Schweben, das Beben, das Letzte geben, so ist mein Leben:*
*Extröm*
*Ja, Jetzt geht's ab*
*Extröm*
*Dös is mei Dag*
*Extröm*
*Bequem is zu bequem*
*I will mers göm*
*I will mers göm*
*I will mers göm – Extröm!*

Das Laufen als Sport ist ja auch ein prähistorisches Erbe. Der Frühmensch war ja der Dauerläufer, nix Marathon, so was ham wir Männer damals schon vor dem Frühstück zum Aufwärmen gemacht. Wir mussten ja jagen. Die Frauen ham in der Zeit das Feuer gehütet und sich durch ihr Rumgehocke mehr Unterhautfettgewebe antrainiert. Was wiederum fürs Kinderkriegen von Vorteil war, wenn sie von einem homo erectus geschwängert wurde. Deshalb hieß der ja auch so. Über den homo präsapiens, den Neandertaler wurden wir dann zum Cro-Magnon-Menschen, der sich in der Nähe von Bordeaux angesiedelt hat, vermutlich weil er gern Wein getrunken hat. Und da hat sich dann eine gewisse Kultur entwickelt. Höhlenmalereien von Lasceaux z.B. Auch meine eingene Erfahrung sagt mir: Ein gepflegter Suff und Kunst hängen ja eng zusammen.

Genau wie hier. Dieses Ötlingen, isch ja auch ein Art-Ort, also nicht eine Art Ort, schon ein richtiger Ort, aber halt ein Village des beaux arts, wie der Italiener sagt, wenn er spanisch kann!
Vor einigen Jahren, wo der Weinbau stagniert hat, hat man Künstler in die leerstehenden Bauernhäuser ziehen lassen. Die ham dann erstmal ihre Häuser bunt angemalt, vermutlich wegen dem Lokalkolorit. Ötlingen ist ein südbadischer Weinort und Künstlerdorf.
Großkünstler wie Picasso, Matisse, Monet oder Baselitz findsch hier in Ötlingen natürlich nicht, ja gut, beim Baselitz frag ich mich sowieso, sag mal, wenn man nicht malen kann, reicht es wirklich, dass man die Bilder kopfüber aufhängt, aber egal.
Aber es gibt durchaus interessante Künstler, die Heidemarie Birsthaler-Calvi z.B., ist euch vielleicht schon ein Begriff, eine reiche Schweizer Witwe, die grad mit ihren Wasserbilder ziemlich Furore macht.

*Heidemarie Birsthaler-Calvi:*

*„Angefangen habe ich damit in Sardinien am Strand von Barisardo. Wunderschönes Wasser, weiße Sand, fast wie in der Karibik. Ich hab schon immer gemalt, aber da isch mir ein Bogen Papier ins Meerwasser gefalle – ich mal ja nur mit Caran d`Ache aus Genf, henei, nüt anderes, uff dem Billigzügs cha i nit mole ... auf jedenfall isch mir da so ein Bogen ins Wasser gfloge – ein Glanz war des in der Abendsonne. Fast wie Goldstaub. Und da wußt ich, ich mal nur noch mit Wasser.*
*Später auf San Antiocco habe ich dann das Meerwasser mit Leitungswasser gemischt. Eine Freundin, die Bärbel, hat die Arbeiten dann „Schorlebilder" gnannt. Jo, es isch e glatti, d Bärbel, e Luschtigi.*
*Bei meinen Wasserarbeiten kommt es ja auch entscheidend auf das Papier an. Verschiedenes Wasser gibt je nach Papier eine verschiedene Döllung. Ein falsches Papier und jedes Wasser isch im Eimer. – Deshalb nur Caran d´Ache. Vielleicht noch Hahnemühle. Ich kann Ihnen gern mal öbbis zeigen.*

*Im Massif central von Frankreich ist z.B. mein „Volvic-Zyklus" entstanden, an der Elbe habe ich mit Kühlwasser aus dem Kernkraftwerk Krüm-*

*mel mein strahlendstes Werk erschaffen: Des do isch der linke Teil vo mim Leukämie-Triptychon.*
*Oder hier aus meiner Whisky-Phase ein Bild, das nur mit schottischem Highland-Torfwasser in der Nähe von Tomintoul gemalt ist. Man sieht – wenn auch unmerklich – diesen Braunstich, der vom Torf kommt. Sehn Sie die Döllung? Schön, gell?*
*Das hier ist aus reinem Zwetschgenwasser – ein Obstlerstilleben. Geht nur mit Caran d´Ache. E anderes Papier wär sofort bsoffe.*

*Viele Besucher vo meinen Ausstellungen äußern manchmal den Eindruck, dass viele meiner Bilder sich doch ähneln würden, aber das liegt jetzt vielleicht an dem ungünstigen Licht. Do mi Landschaftsbild „Triberger Wasserfälle", selbstverständlich mit Originalwasser, im Atelier häng i des immer so in den Wind, dass man sogar das Rauschen ghört. Das goht dann schon mehr Richtung Installation.*

*Aus Spaß arbeite ich hie und da mit aromatisiertem Wasser, Spreequell Citrogrape oder Volvic orange. Kurze Zeit habe ich sogar angefangen mit Bionade zu experimentiere, um doch wieder etwas mehr Farbe ins Spiel zu bringen, Holunder, Ingwer oder Quitte ... Guet bei meiner Goldhelm-Adaption von Rembrandt hab ich es mit Eigenurin versucht, aber des war ein Seich.*
*Inzwischen bleib ich konsequent bei natürlichem Wasser.*
*Aber, wie jede große Kunst, kann auch der Purismus scheitern. Ich hab z.B. neulich in den Staaten versucht einen Wasserzyklus aus dem Golf von Mexiko zu malen. Aber egal, ob Caran d´Ache oder Hahnemühle – es wurden immer Ölbilder.*
*He, das freut mi jetzt aber, dass Sie das interessiert het. Merci vielmol."*

Die Frau Birsthaler-Calvi – ich muß sagen, die gfällt mir. Falls ihr eins von ihre Werke käuflich erwerbe wollt, oder ihre Katalog anschauen wollt „Wasser – das überflüssige Gesamtwerk", dann kommt anschließend einfach an meinem Büchertisch, wo ihr dann übrigens auch meine CD´, meine Bücher und meine handsignierten Staublappen günstig ... tschuldigung.
Das ist mir jetzt peinlich. Es verkommt ja immer mehr alles zur Verkaufskultur, zum Merchandizing, zum Event. Ob Kunst-Auktionen, Biennale, Moma, Bayreuth, Salzburg, alles nur noch Event und ziemlich elitär. Salzburg isch ja nicht für Jedermann.

In der Regel geht's da längst nicht mehr um Kunst, sondern um: Event, Event ein Lichtlein brennt – es lebe der Kulturreferent.

Wir erleben eine Eventualisierung der Gesellschaft. Zum Teil durchaus mit guter Kunst und guten Künstlern. Im September 2001 hat z.B. John Cage in Halberstadt sein Orgelprojekt „Orgelf – as slow as possible" gestartet, ein Musikstück, das 639 Jahre dauert und nur alle paar Monate ändert sich computergesteuert ein Ton. Und wenn wiedermal ein Klangwechsel ansteht, pilgern die Event-interessierten nach Halberstadt.
Nach Vortrag des Projektleiters über „Atonale Synergien in der Aktualität des Nichts als Hermeneutik des ungelebten Augenblicks", wartet man andächtig auf den Klangwechsel, bei Lachs-Schnittchen, wo Mayonaisse-Notenschlüssel drauf gespritzt wurden, man trinkt Weißwein aus Halb-Tonkrügen, und wenn dann der Moment gekommen ist und ein dmoll aus einer neuen Pfeife ertönt und die Orgel eine Nuance tiefer brummt, dann geht ein erlösendes „Aaaaaah" durch die Menge und einige Klanggroupies fallen in Ohnmacht.
Bei dem Projekt stehn die Pfeifen eindeutig vor der Orgel!

Wo war ich jetzt geistig stehen geblieben? – Ach, bei unserer Menschheitswanderung von Afrika in die Welt. Damals mussten wir ja alles noch zu Fuß machen. Von Kenia, Somalia, Äthiopien über die Halbinsel Sinai durchs heutige Israel hoch nach Jordanien. Gut, die Israeliten waren auch später in der Geschichte eigentlich immer unterwegs. Nach Sarrazin ham die wahrscheinlich ein spezielles Wander-Gen. Das ist ein Idiot. Provoziert mit seinen rassistischen Thesen, bloß damit sich sein Buch besser verkauft. Auch so Merchandizing!
Das mit dem Ansiedeln der Juden in Palästina war ja nicht einfach. Ist es bis heute nicht. Da bin ich ja gespannt, ob das mit dem Nah-Ost-Konflikt irgendwann mal aufhört.
Ich hab mal überlegt, vielleicht müsste man vielleicht Israel einfach ein neues Staatsgebiet anbieten, jetzt nur mal so als Gedanke. Warum nicht die weitgehend brachliegenden Steppen und Ödgebiete der Ex-DDR zur Verfügung stellen. Ist für uns ja auch eine Art Naher Osten. Schau: Wir ham damals die Juden ausgerottet oder vertrieben, aber das haben wir ihnen ja längst verziehen – warum sie jetzt nicht wieder bei uns ansiedeln?
Sagen wir mal das Gebiet vom Oderbruch bis in die Lausitz. Ruckzuck

ist da aus Bergbaulöchern, – die muß man nur fluten-, ein Baggersee Genezareth angelegt, in alten LPGs kann man Kibbutze einrichten, ein Stück von einer Klagemauer werden wir auch noch finden und die gut ausgebildete israelische Armee könnte sich um unsere Neo-Nazis kümmern. Berlinerisch ausgedrückt wäre „ditte doch ne Art Wiederjudmachung, wa?"

Ich weiß: Durch unser historisches Trauma fällt uns natürlich eine Stellungnahme zum Nah-Ost-Konflikt so schwer. Wenn man Israel wegen seiner Politik kritisiert ist man sofort Antisemit. Aber: Muß es erst zum Bombenangriff auf Iran kommen, oder macht Achmedinedschad vorher Israel platt?
Darf man als Deutscher sagen: Der Mossad verhält sich wie eine neue Gestapo. Oder auf der anderen Seite, wo es jetzt im Sommer das Gerücht um ein Attentat auf den iranischen Präsidenten Achmadinedschad ging, durfte man da sagen:
„Ach, wär jetzt mal nit schad"?
Jetzt kam ja eine Historikerkommission zu dem erstaunlichen Ergebnis, dass das Auswärtige Amt der Nazis von der Judenvernichtung gewusst hat. Du, wenn die so weiterforschen, dann kriegen die womöglich noch raus, dass Hitler Nazi war.

Jedenfalls sind wir als Frühsiedler damals dann hoch nach Syrien, einige sind bei der Türkei links abgebogen, die anderen ham nur nach links geblinkt und sin dann nach rechts nach Indien usw. Amerika wurde als letztes besiedelt, da sind wir einmarschiert mit dem Schlachtruf: Wildnis raus aus USA – Winnetou ist endlich da.

Wie kams aber dazu, dass die einen von uns auf dieser Wanderung rot wurde, also von der Haut her jetzt, die anderen hellbraun oder gelb, warum ham die einen Stupsnasen gekriegt und die anderen Schlitzaugen? Wenn der Paranoia-Paule da wär, der würd das wahrscheinlich erklären können, der hats irgendwie immer mit den Chinesen. Der würd vermutlich sagen: *„Daß die Schlitzaugen Schlitzauge gekriegt habe, isch doch logisch: Die musste später ja den Breitbildschirm erfinden."* Der Paule, wenn der nur gelb hört, sieht der rot.

Wie wurden wir aber irgendwann weiß? War die Völkerwanderung so anstrengend, dass wir die Pigmente rausgeschwitzt ham? Auch wenn ich weiß bin – ich weiß es nicht.

Eigentlich sind wir ja auch nicht weiß. Wenn wir auf die Welt kommen simmer babyrosa, später meistens farblos, wenn uns schlecht isch sind wir grün im Gesicht oder die Lippen laufen blau an, wenn wir zulang in der Sonne rumhängen werden wir rot, aber ausgerechnet wir nennen die Schwarzen Farbige!
Auch wie sich die Sprachen entwickelt ham – ? Erst Affenlaute, dann Suaheli, aber wie hat sich daraus dann finnisch, englisch, japanisch, chinesisch oder die romanischen Sprachen entwickelt? Gut, bei meiner alemannischen Mundart, „wenn ich so schwätz wie mir de Schnabel gwachse isch und vom Chuchichänsterle und vom Chirsichratte schwätz", dann spürt man das Suaheli noch durch.

Sag mal, darf man hier eigentlich rauchen? Blöde Frage, logisch. Ist ja eine Gartenwirtschaft. Aber egal, ich bin ja inzwischen sowieso Nichtraucher. Hab ich jetzt ganz vergessen. Eigentlich hab ich überhaupt noch nie geraucht. Die Packung hab ich immer nur dabei zur Abschreckung. „Rauchen ist lebensgefährlich". Eigentlich komisch, eigentlich müßts ja nicht Lebensgefahr, sondern Todesgefahr heißen. Aber die Deutschen ham halt mehr Angst vor dem Leben.

Dabei leben wir ja gar nicht so lang. Grad mal im Schnitt so 650 000 Stunden. Da wundert man sich doch, dass man so viele Stunden mit Blödsinn verschwendet, wie schlechte Getränke reinschütten, junkfood nagen, oder sich über einen schlechten Kabarettabend ärgern. Musch mal überlegen: Nur etwa 650000 Stunden leben wir. Allein 200000 Stunden davon verpennsch, lassesch Dich 40 000 Stunden ausbilden zu irgendwas, schaffsch dann, wenn Du Glück hasch, in dem Job 200000 Stunden, verbringsch sinnlos 60 000 Stund mit Deiner Frau vor dem Fernseher, d.h. Jedem von uns selber bleibe eigentlich nur 150 000 Stunden zum Leben. .....und davon vergeuden wir noch 3000 Stunden fürs Zähneputzen und 1500 Stunden zum Kacken. Bis Du dann irgendwann ausgschissen hasch. Weil nach 650 000 Stunden im Schnitt fallen die Atome wieder auseinander und werde wieder irgendwas anderes. Für Dich persönlich wars des dann. Paß bloß auf, dass Du noch lang gesund bleibsch.

Beim Thema Gesundheit prallen ja oft verschiedene Weltanschauungen aufeinander. Wenn Du zufällig mit einem klassischen Arzt und gleichzeitig einem homöopathischen Heilpraktiker befreundet bist, und sagen wir mal Du sie beide zum Essen eingeladen hasch, aua, da kanns Dir passsieren, dass du das Gefühl hasch, Du bisch zwischen zwei Kriegsfronten geraten. Schlimmer geht's im Gazastreifen auch nicht zu.

*Arzt und Homöopath*

„Du mit Deinen potenzierten Kügelchen, alles Hokuspokus"
*Das war mir schon klar, dass du das so siehsch, Du Pharma-Büttel!*
„Es gibt keine Meridiane und keine Schlacken im Körper"
*Ignorant. Das lässt sich alles nachweisen*
„Aha. Durch Aurafotografie oder was?"
*Was hat das mit Kügelchen zu tun?*
„Wo kein Wirkstoff mehr drin ist, kann auch nix wirken"
*Du hast doch keine Ahnung: Wasser hat ein Gedächtnis.*
„Und Du hasch e Vogel"
*Warum geht's dann viele Patienten besser?*
„Reiner Placeboeffekt"
*Unsympath!*
„Homöopath"

Neulich hat mich eine Apothekerin auf die Seite genommen und hat gsagt:
*„Herr Staub, wissen Sie was Homoöpathie eigentlich isch? Das isch der Versuch mit einem Furz einen ganzen Acker zu düngen!"*
Hat mir irgendwie eingeleuchtet.

Ich hab mal überlegt, wenn das wirklich stimmt, was die Homöopathen sagen, also wenn Wasser wirklich ein Gedächtnis hat, dann will ich gar nicht wissen, was mein Wasser in der Kloschüssel so denkt, wenn es nach der Kläranlage wieder in den Wasserkreislauf eingespeist wird. Manchmal wenn ich den Wasserhahn aufdreh hab ich das Gefühl, das Wasser grinst mich hämisch an und plätschert mir zu: *„Man sieht sich immer zweimal im Leben!"*

Wenn ich mich bei Euch so umschau, ich komm ja alle zwei Jahr mal vorbei, mit einem neuen Programm: Also jünger geworden sind wir alle nicht. Und das Alter verändert auch den Blick auf die Welt. Schon beim Blick in den Spiegel fängt die Veränderung an. Da merkst Du

dass bei Dir persönlich der Begriff der „Dreifaltigkeit“ nicht reicht. Ne, älter werden ist nix für Feiglinge!
Da fallen dir langsam die Haare aus, dafür wachsen sie dann aus plötzlich Nase und de Ohre wachse, Altersflecken auf der Haut, Sex hasch höchstens noch 3 mal ... am Tag, also das ist schon...
Schriftsteller wie Martin Walser, John Updike oder Philipp Roth neigen dann dazu altersgeile Rammelschinken zu schreiben, Johannes Heester muß sich mit 106 nochmal unbedingt durch ein Hochhuth-Stück stottern, Heiner Geißler wird zornig und tritt bei Attac ein, ich selber muß sagen, ich bin gelassener geworden, mich interessiert z.B. das Schicksal der Menschheit nicht mehr sonderlich. Warum soll ich mir über die Zukunft der Menschheit Sorgen machen, wenn mir meistens schon jedes einzelne Exemplar auf den Sack geht?
Früher wollt ich immer mit andern die Welt aus den Angeln heben. jetzt merk ich, dass die Welt langsam aber sicher mich aus den Angeln hebt. Und ich langsam aus den Fugen gerate.
Ne, Essen war für mich immer ein Thema. Man muß ja nicht immer nur über den eigenen Tellerrand rauskucken. Sondern auch mal auf den Teller. Für mich immer ein sehr schöner Anblick. Für mich ein wesentlicher Bestandteil der Weltanschauung. Sagen wir mal als Vorspeise irgendeine Pasta mit Wintertrüffeln, dann ein Schwertfisch-carpaccio mit rotem Pfeffer, gefolgt von einem zarten Osso Bucco a la milanese mit Safran-Zitronenrisotto, als Dessert dann eine Creme brulee mit Lavendelaroma, danach Expresso, spanischer Brandy von Gran Duce d`Alba, aaah! Herrlich! Da läuft euch doch sicher auch das Wasser im Mund zusammen.

*F: Du Volkmar, ich ess da bescheidener. Wenn ich mal was bsonders will, dann ess ich e Rinderzunge. Gut, viel Leut sage ja, sie esse nix, was andere schon im Maul ghabt ham – aber Eier esse sie dann! Und da hammer vom Trinke noch nicht geredet. Volkmar, kennsch den Schüttelreim:*
*Sieht man Leute, die mit Gier auf Bier warten,*
*dann sind das wir im Biergarten!“*

Ja, Franz, es gibt Reime, da schüttelts mich.
Wenn man gern isst, dann muß man auch zu seiner...na ja... „Korpulent identity“ stehn.
Was meinsch, was ich nicht alles schon an Diäten durchgemacht habe, bringen alle nix. Wegen dem Joschka-Joschka Effekt.

Man könnte natürlich jetzt auch auf intelligentes Essen zurückgreifen. Fo-Shu aus Japan. Das ist Design-Food, wo die gesunden Nahrungsergänzungsmittel schon ins Essen reinmontiert sind. Z.B. Lipidsenker in Schweinshaxen, dass Du die praktisch als Wellness-Diät-Produkt verkaufen kannsch. Oder in Frühstückseiern sind dann Cholesterinsenker drin. Tatsache. Es gibt Bratwürste, da sind so viele Vitaminbomben reingeklont, da musch Du die Salatbeilage vorkochen, damit du keinen Vitaminschock kriegst.
Bei dem Thema krieg ich grad Hunger.
*(isst Brezel oder Bierstengel)*

Egal. Es ging ums Alter. Heinrich Böll hat mal gsagt: Wer mit 20 kein Kommunist ist, der hat kein Herz und wer mit 35 immer noch Kommunist ist, hat keinen Verstand.
Ich würde das heut ergänzen: Wer mit spätestens 55 nicht wieder Kommunist isch, hat vermutlich einen finanziellen Grund. Ich mein jetzt nicht Kommunist mit Partei, Kadavergehorsam usw., nein, einfach wieder naiv werden und sagen, eigentlich gehört die Welt doch uns allen und wir müssen gegenseitig anständig miteinander umgehen. Mehr ist es ja gar nicht. Ich weiß dass das naiv ist.

Aber noch naiver sind doch die heutigen linken Chefintellektuellen. Nimm nur mal Antonio Negri und Michael Hart, die als die letzten großen Marxisten gelten, die in der Postmoderne noch mal das Ganze überdenken. In ihrem neuesten Wälzer „Common Wealth" schreiben die: Wir, die Multitude der Armen, also die Rikschafahrerin in Bangkok, der Indio in Cochabamba, die Hartz-IV-Empfängerin in Bruchsal oder Ihr, die Greenpeacebeitragzahler in Freiburg, wir alle, sollen für die Revolution kämpfen, aber uns dann immer wieder von „Kampfmaschinen" zu „lachenden Liebenden" zurückverwandeln. Wörtlich: *„Wir werden uns nicht lieben wie Biene und Blüte, die nur die Produktion von Obst und Honig im Sinn haben, nein, wir werden uns lieben wie Wespe und Orchidess, sie schaffen nur Vergnügen, Lust und Schönheit. Wespe und Orchidee sind Hedonisten und Ästheten."*

Sag mal, das ist doch eine Mischung aus Hedwig Courts-Mahler und Harry Potter!

Wer sollte denn heute noch das revolutionäre Subjekt sein? Wie wir früher immer gesagt ham, das revolutionäre Subjekt – also letztlich der Depp, der es machen soll.
Die Arbeiterklasse? Gibt's die überhaupt noch?
Allerspätestens seit Matthias Beltz wissen wir doch: Nach der Arbeit wollen die Arbeiter nicht die Revolution machen, sondern Feierabend.
Die Outlaws? Die Ausgebeuteten der Welt? Unter Führung von Hugo Chavez und Achmadinedschad? – Danke!
Oder eine Revolution ausgehend von den evangelischen Kirchentagen. Mit Margot Käsmann als neue Jeanne d´Arc des blauen Kreuzes?
Oder von den Autonomen in Kreuzberg, die den 1. Mai zum Kinderspielplatz umfunktioniert ham mit Autoabfackeln und schwäbischem Yuppie-Bashing? Und Schilder aufhängen: „Schwaben raus aus Kreuzberg. Berlin – Stuttgart 750 km, Tschüß!" Und dann meinen sie womöglich noch mich, obwohl ich Badener bin.
Oder die linken barolotrinkenden Salonintellektuellen? „Hoch die internationale Getränke-Qualität!"

Am besten umgibt man sich nur noch mit Leuten, die man mag. Und das werden auch immer weniger. Wo Du hinschausch nur noch:
Imageberater, so Sesselpupser
Powerpoint-Helden, Verliererschubser
Finanz-Kotz-Broker, Extremkaltbrauser
Von Termingeschäft zu Geschäfts-Termin-Sauser
Quotenidioten, die immer eloquenten
Papa-gesponserten Bachelorstudenten
So Typen, die immer „focussieren" wollen
Und bei Daxabsturz in der Lounge rumschmollen
Manchmal denk ich: Unsere heutige Zeit ist nur ein großer Geist
Der von weit oben – auf uns runterscheißt!

Ich weiß, man kanns auch bildungsbürgerlicher ausdrücken. Mit Goethe:
„Was ihr den Geist der Zeiten heißt
Das ist der Herren eigner Geist
In dem die Zeiten sich bespiegeln."
Ja, wenn mich was aufregt, ball ich manchmal den Faust.

Ab und zu kommt hier im Ochsen auch ein Straßenmusiker vorbei, der Brombacher Schorschi. Der hat gehört, dass Liedermacher wieder im Kommen sind. Da kommt er halt auch manchmal und singt eine schwäbische Romanze.

*Im schönen Schwabenland, wo der besternte Diesel durch den Wingert röhrt*
*Und der Pietist bei Linsen und bei Spätzle auf seinen Herrgott schwört*
*Knüppelt die Bullerei auf Kopf und Knie*
*Auf Muttis, graue Zausel, heilixblechle – das gabs ja wohl noch nie*
*Wegenem Bahnhof*
*Der soll jetzt unten rein*
*Wegenem Bahnhof*
*Der Zug soll schneller sein*
*Wegenem Bahnhof*
*Eigentlich macht das Sinn*
*Wer in Stuttgart wohnt*
*Will schnell woanders hin*
*Von diesem Bahnhof, Bahnhof*

*Ach, schau den Park dort an, wo der Teddybär nass in den Platanen hängt*
*Weil doch oben bleiben soll, was mit Staats-Gewalt jetzt nach unten drängt*
*Wir pfeifen täglich drauf – Punkt 19 Uhr*
*Wir pfeifen auf Euch Pfeifen und Euere Demokratur*
*Wegenem Bahnhof*
*Ruft man zum Widerstand*
*Wegenem Bahnhof*
*Im Kehrwochenland*
*Wegenem Bahnhof*
*Wenn Walter Sittler spricht*
*Wegenem Bahnhof*
*Wirkt selbst der Schlichter schlicht*
*Wegenem Bahnhof, Bahnhof*

*Ja, schau die Polizei, wie sie Schüler lustvoll aus den Bäumen schießt*
*Und das Tränengas sich ätzend ins blaue Aug ergießt*
*Mappus, der Spätzle-Strauß, findet das fein*
*Wer mit Grube eine Grube gräbt, der fällt halt selbst hinein*
*Wegenem Bahnhof*
*Diesem Milliardengrab*

*Wegenem Bahnhof*
*Geht jetzt der Schwabe ab*
*Wegenem Bahnhof*
*Worüber ich mich freu*
*Wegenem Bahnhof*
*Der Spuk Schwarz-Grün vorbei*
*Wegenem Bahnhof, Tschu Tschu!*

**Pause**

*Paranoia-Paul*

*„Jeder dritte Mensch auf der Welt ist inzwischen entweder ein Inder oder ein Chines. Die unterwandern uns. Aber sie tarnen sich perfekt. Schau Dich doch mal um? Siehsch Du hier in dere Gartenwirtschaft e Inder oder e Chines?*
*Do siehsch wie gut die sich tarne. 1, 2, 3 – Du müsstsch eigentlich ein Chines oder Inder sein – der rote Punkt auf Deiner Stirn hat dich verrate....ou, ne, des isch bloß e Pickel. Und du grinsisch so breit durch dini überschminkte Schlitzauge.*
*Überall ham sie ihre Spione platziert: Warum glaubsch Du, dass die erste Chinese in der Bundesliga kicke? An ihrem fußballerische Könne kanns nit liege. Die sin doch alli installiert worde vom chinesische Geheimlogenchef Huojetz Wirtzeng.*

*Gegen die hamir wirtschaftlich doch kei Chance. Drache und Kobra ham sich verbündet. Dagegen isch unsere Wirtschaft doch eine Blindschleiche.*
*Der Chines, der klaut sich doch auffem Weltmarkt alles zusamme, schlimmer als d Zigüner: Patente, Öl, Know How bei unsere gschmierte Manager. Glaubsch du unsere Siemensmanager reise nach China um uffem Jangtse Paddelbootle z fahre?*
*Und der Inder wirft demnächst seine Tata-Autos für 2000 Euro auf de europäische Markt, dann kannsch Opel endgültig de Hase gebe. Dann könne die Opelarbeiter in Rüsselsheim auf dem Arbeitsamt Humba Tata Tata Rä singen!*
*Wahrscheinlich gehört dieses Theater auch schon im Inder oder im Chines. Schaut halt nacher mal an der Theke, wenn sie da Reiswein oder Mango-Lassi ausschenke, dann weisch doch Bescheid!*
*In Afrika klaut de Chines im Neger die ganze Bodenschätze und die Inder?*

*– Jeder zweite global player hat inzwischen sein back-office in Indien und in jedem zweite handy steckt ein indischer Mikrochip. Wenn die wolle könne die alles abhöre oder abschalte. Aber Du hasch Angst wenn von Google ein schwarzes Autole bei Dir durch d Straß fahrt und deine Hausfassade filme will, Du Naivling!*
*Bald werde sie uns alle mit Tigerbalsam betäube und den Weltstaat Chindia gründe. Selbst die Amis ham sie doch längst in der Hand. Die Staatsbank vo China hat Billionen von Dollar gebunkert. Wenn sie die auf einen Schlag auf den Weltmarkt schleudern würde, dann wär der Dollar weniger wert als so ein polnische Sloty!*

*Aber Du liesisch halt immer nur Sportbild, lies doch mal de Wirtschaftsteil. De Chines kauft sich grad beim Grieche ein und bei uns in Deutschland hat er sich längst in die Abfallwirtschaft eingekauft. Warum glaubsch Du, dass des „Der gelbe Sack" heißt? Häh? Und wer hat das eingefädelt? Der Brüderle – weil der au ein gelber Sack isch.*
*Und warum heißt der Brüderle? Hä? Weil er der kleine Bruder isch vom großen Bruder Huo Jetz Wirzeng. Und wer ist das in echt? Der Berlusconi in der Maske vom Günter Wallraff, hinter der aber der Sarkozy steckt, und wenn Du den in einen Nacktscanner stellsch, dann kommt hinter ihm der Putin zum Vorschein, der eigentlich au Franzose isch und Putain heißt. Müßt euch halt mal informieren. Muß ich denn immer alles selber machen? Provinz Freiburg – kei Ahnung von Weltpolitik – aber kei Angst, ich bleib dran!"*

V: Aha, Ich wußts, irgendwann taucht er auf, der Paranoia-Paule.
Daß die Inder und Chinesen im Kommen sind, weiß ja jeder. Aber manchmal kommts auch anders als man denkt.
In unserer Geschichte gabs bei der Selbstbetrachtung ja drei große narzistische Kränkungen: Der Kopernikus hat uns aus dem Zentrum des Alls vertrieben, der Darwin hat uns die Krone der Schöpfung vom überheblichen Haupt gerissen und Siegmund Freud hat uns gezeigt, dass wir nicht einmal Herr im eigenen Hause sind. Immer wieder kommt unserem Ich das ES in die Quere. Ich z.B., ich hab mir vorgenommen nicht mehr so viel Wein zu saufen – zack, sieht das ES eine Flasche „Brunello di Montalcino" im Regal. Oder mein ÜBER-ICH will, dass ich auf den Tourneen meiner Freundin ein treuer Mann bin – schwupps, sieht das ES eine tolle Frau in der ersten Reihe, und das ICH verliebt sich.

Das liegt wahrscheinlich auch wieder in den Genen. Die längste Zeit waren wir Jäger und Sammler. Und wir mussten das Überleben sichern. Also waren wir auch Jäger und Rammler.
Wenn man mal die Menschheitsgeschichte bis heut gleich 24 Stunden setzt und mit dem homo erectus beginnen lässt, dann kam der Ackerbau und damit die Sesshaftigkeit erst um 23.52 Uhr, d.h. sesshaft sind wir also erst seit 8 Minuten. Und ich bin halt immer noch unterwegs.

*F: Weisch, Volkmar, wenn ich so alte Säcke seh, so in Deinem Alter, die sich plötzlich noch mal verlieben, denen der Amor noch mal einen Pfeil in de Ranze schießt – lächerlich. Gestern noch depressiv ins Bierglas gewinselt und ab sofort tänzeln sie im Hormonrausch durch die Landschaft!*

V: Ja, ja, wem sagsch das? Ich kenn einige, die versuche dann im hohen Alter noch zu lernen wie man sms verschickt, und dann landet die Liebes-SMS doch beim ADAC-Pannendienst. Ich kenn da einige, die dann ihrer 22 Jahre jüngeren Angebeteten ins Ohr säuseln: „Ach, mit Dir würd ich gern alt werden“ – „Wie soll das denn gehen, Du bischs doch schon“.

*F: Aber weisch, auf Dauer geht des nie gut mit de Männer und de Frauen. Wir sind einfach zu verschieden. Letztlich vollkommen andere Interessen. Frauen gehen shoppen. Männer trinken Schoppen!*

V: Komm, Franz, schwieriges Thema, laß uns über was anderes reden. (*trinkt*) Oh, der Ötlinger, alle Achtung!

In Amerika gibts ja jetzt diese große Bewegung der sogenannten „Tea-Party“, evangelikalische Fundamentalisten, die die Evolution leugnen und Darwin aus den Schulbüchern verbannen wollen, sogenannte Kreationisten. Die glauben tatsächlich immer noch, daß die Arten, alle so wie sie jetzt sind, geschöpft wurden. Ein Schöpfer hat uns aus der Ursuppe mit einem Riesenschöpflöffelin die Schüssel des Daseins eingebrockt, oder so.
Daß ein so kompliziertes Gebilde wie der Mensch durch eine „Evolution“ rausgekommen sein soll, sagen die, halten sie in etwa für so wahrscheinlich wie wenn ein Hurrikan über einen Schrottplatz fegt und sich die Teile durch den Sturm dabei so zusammensetzen, dass danach eine komplette Boeing 370 dastünde.

Ein Kreationist glaubt da eher, dass mal ein Schöpfer aus Lehm einen Körper geknetet und ihm dann den Atem eingehaucht hat. Einfache Gemüter brauchen halt einfache Erklärungen.
Nach Darwin plant die Evolution ja nicht, eigentlich erzeugt sie Unsinn, aber von dem Unsinn setzt sich letztlich halt durch, was im Hier und Jetzt von Vorteil isch. Der Rest geht hops. 99% aller Arten die es mal gab, sind verschwunden. Die Dinosaurier z.B. Die sind ja ausgestorben, weil ein Riesenmeteorit auf die Erde gedotzt isch.
Jetzt kann man sich natürlich fragen, warum sich diese Saurier damals alle ausgerechnet an der einen Stelle versammelt ham, wo der Meteorit runtergekomme isch?

Ne, die Affen ham sich ja nicht zielstrebig auf uns zu entwickelt. Da musste die Natur Millionen Jahre lang Milliarden von Affen aussieben, bis schließlich ein Einstein und ein Dieter Bohlen rauskam.

Ein anderer Motor der Entwicklung waren u.a. die großen Erfindungen. Das Rad, die Dampfmaschine und der Computer. Ohne Rad gäbs keine Tour de France, ohne Dampfmaschine keine Latte Macchiato und ohne Computer hättesch Du heute Abend deine Eintrittskarte nicht online bestellen können.
Und das Geld natürlich. Johann Nestroy hat mal gekalauert: „Die Phönizier haben das Geld erfunden. Warum aber nur so wenig?“
Ist natürlich dummes Zeug. Geld isch ja genug da, des ham immer nur die Falschen.
Diese L´Oreal-Tussi in Frankreich z.B., diese Betancourt oder wie sie heißt, die hat z.B. das Problem, dass sie allein an Zinsen 280 Millionen Euro im Jahr hat. Überleg mal, die muß jeden Tag fast eine Million Euro ausgeben, damit sie nicht automatisch reicher wird. Die kann doch nicht jeden Tag eine neue Yacht und eine neue Insel vor der Bretagne kaufen. Soviel gibt's da doch gar nicht?

Solche Superreichen kommen dann irgendwann auf die Idee: Och, ich könnt doch spenden, eine Stiftung aufmachen. Und dann sagt, die ganze Welt: Oh, schau, ein Wohltäter. Aber woher ham diese Wohltäter ursprünglich ihr Geld? Die meisten Wohltäter waren früher wohl Täter. Zum Wohl!

Wir waren bei den Erfindungen. Erfindung des Buchdrucks durch Guttenberg war wichtig, ein Vorfahre unseres heutigen Verteidigungsminister Baron von und zu Guttenberg. Der eine ließ drucken, der andere lässt abdrücken.
Jetzt will man ja mit den gemäßigten Taliban reden. Was aber ist ein gemäßigter Taliban? Läßt der seine Frauen nur mit Klarsichtfolie verschleiern?
Der Westerwelle hat ja auch einen super Vorschlag gemacht. Man solle ausstiegswilligen Taliban Geld geben. Sag mal, geht's noch? Jemandem Geld geben dafür dass er was tut oder was lässt. Der Guido glaubt wohl die Taliban funktionieren wie die FDP.
Karl Theo Guttenberg will ja jetzt die Bundeswehr reformieren. Er will sie von 250000 Mann auf 180000 Mann verkleinern. Ein Anfang isch ja schon gemacht. Solange er die Jungs in Afghanistan lässt, reduziert sich die Zahl der Soldaten ja automatisch weiter.
Wenn ihr mich fragt: In Afghanistan ham wir absolut nichts zu suchen? Und wisst ihr warum? Weil wir dort nix verloren ham.

Ganz wichtig war z.B. die Erfindung des Kompass. Ohne den gäbs keine Schiffahrt und ohne Schiffahrt keine Entdeckungen. Den Kompaß haben zwar die Chinesen erfunden. Aber mit Schifffahrt ham die irgendwie nix am Hut gehabt, sonst hätten sie damals schon die ganze Welt erobert.
Ne, die ham sich gsagt: *„Bootfahlen – heißt Albeit, Seestülme, Skolbut, übelteuelte Hafengebühlen, sollen andele machen“.*
Und so ham halt wir Europäer die Welt erobert. Kolumbus, Heinrich der Seefahrer, Magellan. Später die Amis, aber des sin ja auch nur ausgewanderte Europäer.
Das war übrigens ein super deal damals, im Prinzip die erste globale Transaktion: Die Indios mussten für die Spanier das Gold aus den Anden schürfen, das Gold wurde nach Europa verschifft, ausgeladen, dann hat man Kolonialoffiziere an Bord genommen und nach Afrika geschippert, die ham die kräftigsten und stärksten Schwarzen zusammengetrieben und von dort hat der Käptn sie als Sklaven nach Amerika verschifft. Eine Leerfahrt hat praktisch nicht stattgefunden. Das war eine win-win-win-Situation. Darauf basiert letztlich bis heute unser europäischer Wohlstand.
Globalisierung ablehnen, heißt unsere Wurzeln verleugnen!

Hat natürlich alles auch seine Vorteile gehabt. Ohne das Leid auf den Baumwollfeldern hätten die Schwarzen den Blues nicht erfunden. Und ohne Blues hätte „Slowhand" Eric Clapton nicht gewusst, wie er seine hochentwickelte Greifhand einsetzen sollte.

Heut flitzt das Geld online um die Welt. Mit Spekulation wird 60 mal so viel verdient wie in der Realwirtschaft. Zum Beispiel Spekulation mit Nahrungsmitteln. Kakau und Getreide sind zur Zeit der Renner. Offensichtlich ham diese verkoksten Zocker und gegelten Boni-Junkies an den Börsen einfach keine gute Kinderstube. Also meine Mutter hat immer gsagt: Mit Lebensmitteln spielt man nicht.

Kennt Ihr die Lohas? Leute, die von der Nahrung her gut, aber auch gleichzeitig politisch korrekt leben wollen. Nur öko, bio und fair gehandelte Produkte: Und alles auf einmal. Was anderes kommt gar nicht in die Plastiktüte. Loha: Lifestyle of health and sustainability. Dabei ist das gar nicht so einfach öko, bio und fair unter einen Hut zu kriegen.

*Loha-Dialog*

„Ungespritzte Bananen ins Müsli – bist Du wahnsinnig!"
*Die sind fair gehandelt. Von jeder Banan geht ein Cent in den Aufbau einer Schule in Costa Rica, wo der Bananenbauer dann seine Kinder hinschicken kann*
„Aber denk doch an die Transportwege!"
*Von dene Kinder?*
„Nein, von Deine blöden Bananen"
*Ja soll ich Bodenseeäpfel essen, vorher vielleicht noch gelb anmalen und biege, wenn ich nun mal Bananen mag? Was ist denn mit Deinem Bio-Joghurt?*
„Der isch aus dem Allgäu"
*Ja, aber die Becher werden in China produziert, und die Sägemehlstückchen mit Aromastoffen aus Holland werden dann als Erdbeerersatz in Tunesien reingetan. Brauchsch gar net so blöd gucke. Dein Joghurt hat wesentlich mehr Kilometer auf dem Buckel als mein Banan. – Und da hammer von Deinen blöden Kuyichichiklamotten noch nicht geredet.*
„Jetzt aber mal halblang. Die sind aus Bionaturfasern!"

*Sehn aber Scheiße aus und werden von Kinderhänden in Bangladesh zusammengeschneidert. Hast Du nicht grad was von Transportwegen gefaselt?*

Die Lohas – doch, auch wenns nicht einfach ist, die bemühen sich. Ich kenn einige, die scheuen keine Kosten und Mühen und fahren mitten in der Großstadt mit ihrem Geländewagen zum „Weltladen", wo das tibetanische Windspiel süßlich an der Eingangstür klingelt, dingelingeling, holen sich Dritteweltbutter von handgemolkenen Bio-Ziegen aus Eritrea, zahlen für ein halbes Pfund gern und locker mal schlappe 12 Euro, und wenn sie mit diesem Ziegen-Butter ihre Dinkelkekse von einem Ayurweda-Biobäcker aus Sri Lanka bestreichen, haben sie ein gutes Gewissen und das Gefühl, dass sie ein Stück weit wieder die Welt gerettet haben, hocken wieder in ihren klimatisierten 4-Rad-angetriebenen Großraumhybridschlitten und fahren die 200 Meter halt wieder heim.

Schrittweise werden ja jetzt die Glühbirnen vom Markt genommen. Letztes Jahr die Hunderter, bald die 60er – nicht die Fußballer, bei denen wärs okay. Also wenn ich an meine alte Stehlampe denk, neben meinem Ohrensessel, in dem ich lesend mir den jetzt gültigen Stand meines unausgegorenen Halbwissens angeeignet hab, da wird mir schon etwas wehmütig ums Herz.

Jetzt wirds mit Dir wohl bald zu Ende sein
Ich kriegs noch nicht in meine Birne rein
Dein Abschied macht mich krank und matt
Du weißt, ich glüh für Dich

Als ichs gehört hab, sagte ich: Watt?
Das kann doch wirklich jetzt nicht wahr sein, datt
Du hast mir manch´ dunkle Nacht erhellt
Der Zähler hats erzählt

Energiesparschlampen sind so grau und schlicht
-Du bist die Sonne, sie nur fad-
Verlier jetzt bitte Deine Fassung nicht!
Bleib Du mein leuchtender Pfad

Ich geb nicht auf, glaub mir, ich horte Dich
Zahl Bußgeld, geh in´ Knast für Dich
Bist Du mir ab und zu auch durchgebrannt
Dein warmes Licht entspannt

Beschein mich weiter, bitte gib nicht auf
Sonst leer ich mir was auf die Lampe drauf
Begleit mich weiter durch die Dunkelheit
Oh Du, mein „Highway to **Hell**"!

Energie. Atomenergie. Die Schwarz-Gelben haben alle Scheu abgelegt: Die sagen sich wahrscheinlich: *„Atome sind so kleine Dinger, was soll daran gefährlich sein? Und wenn sie gespalten werden, werden sie ja noch kleiner. Lange Laufzeiten sind gesund, das sieht man ja bei den Joggern."* So offen ist die Merkel noch selten irgendwo reingekrochen. Langsam verändert sie sich zur Kenntlichkeit. Sie gibt die Darm-Trichine der Atom-Mafia.

Als sie die vier großen Energie-Bosse angrufen hat, wegen den Laufzeiten für Atomkraftwerke: *"Entschuldigung, meine Herren, wenn ich mal fragen darf, ist das o.k. so? Oder darfs noch ein bißchen mehr sein?"*, da war mir mal wieder so richtig klar:

Wir leben längst in einer Art Postdemokratie. Gegen die großen Weltfirmen und ihre Lobbyisten sind unsere Politiker auch nur Scheinselbständige. Die liberale parlamentarische Demokratie ist eine Illusionsmaschine. Demokratie – Herrschaft des Volkes, vergiss es!

Vielleicht wär eine knackige Monarchie besser. Demokratie ist viel zu kompliziert und so anstrengend. Lieber ein fröhliches Königshaus, da hätte man wenigstens ab und zu mal eine schöne Hochzeit. Am besten wärs wie in Monaco. Die letzte absolute Diktatur mitten in Europa. Da hat der Fürst zwar auch gewählte Fachminister, die dürfen die Sachlage referieren und dann – zack – entscheidet der Fürst. Nicht wie bei uns die Gesetzentwürfe erst durch Ausschüsse und Parlamente prügeln, oft mit Vorlagen, die von der Pharmaindustrie oder der Atommafia direkt verfasst wurden, ne: Probleme vortragen, diskutieren – und zack – irgend ein Fuzzy entscheidet.

Von mir aus solls der Wulff machen, Oder jemand, der noch beliebter ist. Der Mappus, unser Spätzle-Berlusconi? Oder jemand, den alle kennen: Stefan Raab. Oder gleich die Lena. Die soll die beschlossenen Gesetze dann einmal im Monat auf RTL oder Pro 7 vorsingen.

Ich täts auch machen. Viele sagen ja Kabarettisten seien verhinderte Politiker. Dummes Zeugs. Das ging noch nie gut, wenn Denker irgendwelche Politiker auch nur beraten wollten. Voltaire konnte beim Alten Fritz auch nicht verhindern, dass er sich Schlesien unter den Nagel gerissen hat. Und wir müssen uns bis heut mit diesen Vertriebenen rumärgern. Diese Steinbach, die blöde Kuh. Soll sie doch mit dem Sarrazin eine Rassistenpartei aufmachen, die Eva Hermann als Pressesprecherin holen!
Ne, wenn ich der gewählte Tyrann auf Zeit wär, ich würd alles vereinfachen.
Als erstes würd ich den Gesundheitsfond abschaffen und statt der geplanten Kopfnußpauschale gäbs eine kostenlose Bürgerversicherung für alle, über Steuern finanziert.
Dann würd ich sofort ein Grundgehalt für alle einführen. Da könntest Du die ganzen Steuerdebatten, die Debatten über Armutsschere, Hartz IV, Mindestlohn alles vergessen.
Einfach ein voraussetzungsloses Grundgehalt für jeden, grad nur so, weils ihn gibt. Kind, Jugendlicher, Frau, Mann, alle. Und zwar ein saftiges, 5000 Euro, monatlich

Aber solche klare politischen wegweisenden Ideen kannsch im Fernsehn z.B. einfach nicht kommunizieren.
Nimm doch nur mal die Talkshows, egal ob Maybritt Illner, Anne Will, Hart aber fair oder wie sie alle heißen, kein interessanter Gast darf mal länger einen Gedanken entwickeln, so dass es wirklich informativ und interessant werden könnte.

*Fernseh-Moderatoren-Tussi (M) mit zwei Gästen (A,B):*

*Zu unserem heutigen Thema „Zahlen nach den Wahlen" möchte ich Ihnen einen ganz besonderen Gast vorstellen. Als Abgeordneter der FDP begrüße ich Herrn Professor...*

*A: (sächsisch) Entschuldigung, ich bin von der Linken, von der Linken bin isch, und ich bin ooch keen Professor, ich bin heute hier....*

*M: Jedenfalls hat er gerade sein neues Buch mitgebracht...*

*A: Meine CD hab isch mitgebrocht, meine CD*

*M: Natürlich. Und dann habe ich auf meiner rechten Seite den erfolgreichen und wunderbaren Rocksänger...*

*B: (bayrisch) Porno, a Porno-Darsteller bin i*

*M: Jeder von Ihnen, liebe Zuschauer, kann sich sicher noch an seinen wunderschönen Kuschelsong erinnern.....*

*B: Fuim. E Fuilm war des*

*M: Ich glaube, da waren Sie auch unplugged zu hören....*

*B: Net unplugged, i war nackert? Nackert war i*

*M: Herr Professor, zu Ihnen zurück. Sie als Politiker haben doch bei der kleinen Anfrage im Bundestag*

*A: Große, große Anfrage. Im Landtag.*

*M: Meine Herren. Ist es nicht so, dass in den Zielgruppen die Schnittmenge der Gemeinsamkeiten eher marginal ist? Gerade an der Peripherie? Wie sehen Sie das als Popstar?*

*B: Porno. Pornostar bin i...*

*M: Tja, liebe Zuschauer, das müssen wir jetzt leider so stehen lassen, unsere Zeit ist um. Ich bedanke mich recht herzlich für die ausführliche und sehr anregende Diskussion. Wenn Sie wieder mal abschalten wollen, dann nur bei uns!“*

Ich will bei Polit-Talks auch keinen Studiogast aus dem Volk, der dann gefragt wird, ob er glaubt, dass Politiker korrupt sind. Das fragt man doch nicht. Das weiß man!
Logisch, ich zapp mich ab und zu auch durchs Programm, grad auf Tourneen, da zapp ich mal da hin, und mal da hin, ich bin eigentlich der Homo Zappiens, aber ich frag mich manchmal, wieso soll ich eigentlich Fernsehgebühren zahlen, wenn die öffentlich-rechtlichen den privaten Schmuddelsendern hinterherhecheln? Schau doch mal eine Fernsehzeitschrift an. Nimm nur mal den Dienstag, das ist die

FDP der Fernsehwoche: Nur Scheiße im Programm.

Im Grunde gibt's doch nur noch Dudelsendern, mit permanenter Fröhlichkeit. Das kann einem so auf den Sender gehen. Allgegenwärtige antrainierte Heiterkeit. Alle sind immer gut drauf, immer soll man gut drauf sein, das isch doch furchtbar.

*F: „Volkmar, ich bin nit immer gut drauf. Kannsch mei Frau frage. Ich bin au drunter gut!"*

Isch doch wahr. Selbst wenn Du bei einer Behörde anrufsch: *„Einwohnermeldeamt Lörrach, Elisabeth Tröndle am Appparat, was kann ich für Sie tun?"* – Am liebsten tät ich als sage: Mich am Arsch lecken. Aber ich will ja was von ihr!
Auch überall dieses penetrante „positiv thinking". Alles soll man positiv sehn. Immer soll man in jeder Krise eine Chance sehn.
*„Oh, Du hast Krebs? Dir fallen die Haare aus? Das ist ja interessant. Du hast so eine schöne Kopfform, die hätte man sonst gar nie gesehen!"*

Als ich damals Anfang 70er-Jahre aus der behüteten Provinz zum Studieren nach Freiburg kam, da hat mich so ein Wissens-Heißhunger befallen. Hab die ganzen Philosophen in mich reingeschlungen, wollt wissen, Mensch, was steckt hinter allem. Hegel, Kant, Marx, – erst Karl, dann Groucho –, hab alles verschlungen. Sartre und Heidegger. Die haben immer gefragt nach dem Sein zum Tode. Wir würden bestimmt von dem Wissen, dass wir sterblich sind. Sartre sagt: Es gibt nur zwei Gewissheiten: Wir wurden geboren und wir werden sterben. Dazwischen sind wir zur Freiheit verurteilt uns irgendwie durchzuwurschteln und uns einen Sinn zu entwerfen. Irgendwann wurd mir klar: Philosophen wissen au nix. Nur halt auf höherem Niveau.

Sein zum Tode. Entscheidender ist doch, wie wir auf die Welt kommen. Da bildet sich doch schon eine erste Weltanschauung. Da liegsch Du in Deinem Kinderbett und irgendwelche Idioten von Verwandten schauen rein, machen „Dutzi dutzi" und „Wo isser denn?" – Die fragen wirklich: Wo isser denn, dabei lieg ich direkt vor Ihnen. Wenns schon so losgeht!
Wenn heut ein Kind auf die Welt kommt, dann wird es vorher per Präimplantationsdiagnostik durchgecheckt, obs gesund wird oder

irgendeinen ein Hau hat. Da kann man dann entscheiden: Nehmen wir das Ei oder das Ei, und entwickeln wir das eine, was e bißle angedotzt isch, als Ersatzteillager? In naher Zukunft kann man dann ganz bestimmte Eigenschaften in die Kinder reinmontieren. Wenn Du willsch, dass Dein Kind z.B. ein besonders schlaues Model werden soll, dann nimmsch einfach ein Ei von Paris Hilton, kannsch dann im Internet bestellen, und ein paar Spermien vom Peter Sloterdjik.
Scheiße, wenn s Ergebnis dann aussieht wie der Sloterdjik mit dem Hirn von der Hilton. Wär dann dumm gelaufen. Gut – für den Laufsteg täts vielleicht reichen.

Ne, ich seh da ganz hoffnungsvoll in die Zukunft. Irdendwann wird der Mensch zu einer Chimäre zwischen genverändertem Mensch und High-Tech-Maschine. Ein Chip im Hirn übernimmt die alltäglichen Rechnereien, hat unser Allgemeinwissen gespeichert, was man dann z.B. durch Ziehen am Ohrläpple abrufen kann, so dass Dein eigentliches Hirn sich mit den wirklich wichtigen Dingen beschäftigen kann. Also z.B. mit......ja,....äh... so Zeugs halt.

Manchmal ertapp ich mich, daß ich auch nix anderes bin als so ein lächerlich altmodischer Abendländler. Wenn heute jemand Humis-Mousse hört, dann denkt er, es sei ein schokoladehaltiges Schaum-Dessert.
Das alte Griechenland – die Wiege unser abendländischen Kultur.
Aber so ganz helle ist der Hellene auch nimmer. Die Heimat von Platon und Aristoteles – hat heute was Vertrotteltes!
Da ham die sich doch tatsächlich mit Hilfe der amerikanischen Bank Goldmann-Sachs in die Eurozone geschlichen, nur um an Euros dranzukommen. Man könnte auch sagen: Die Griechen türken und die Türken müssen kriechen. Und dürfen trotzdem nicht mitmachen in der Euro-Zone.

Ich war im Sommer grad auf Naxos und in Athen, und da ist mir einiges klar geworden Daß Griechenland pleite gehen konnte, hat ja auch andere Gründe als dieses Spekulanten-Pack. Erstens gehen die griechischen Beamten praktisch direkt nach der Lehre in Rente, zweitens ist Korruption ouzo und drittens können sie ja nix im Staatssäckel haben, sie haben ja nix zum exportieren. Was denn? – Wein? – den griechischen Wein, den muß man mit Harz versetzen, damit er

überhaupt nach irgend etwas schmeckt und die Weinblätter taugen grad mal dazu Reis einzuwickeln. Und das macht man dort vermutlich, weil der griechische Reis so schlecht ist, dass man ihn verstecken muß.
Obstbrände? – Fehlanzeige. Die produzieren eher Waldbrände.
Griechisches Essen!! – Unzählige Male habe ich in einer Hafenkneipe den Dialog gehört: *„Äh!“ – „Geh! Iss!“* – Danach haben sie dann sogar ihr Meer benannt.
Sorry, der war jetzt unterirdisch. Aber manche mögen so was. Ich bin ja auch Dienstleister!

Ne, wenn die Griechen – neben Geld verwalten – wirklich etwas nicht können, dann ist es kochen. Das wär vielleicht ein griechischer Exportschlager: Ein Kochbuch „Wie ich es auf jeden Fall nicht machen sollte“ Oder: „Rezepte von Jannis Watzlawickos: Anleitung zum unglücklich satt sein“.
Dass die Griechen Geldprobleme haben, das hätt uns Touris schon länge auffallen können. Für ihre antiken Tempel wie die Akropolis haben sie ja nicht einmal das Geld für ein Dach. Überall liegen alte Steine herum, umgefallene Säulen – wer weiß, so sieht demnächst vielleicht auch das europäische Haus aus.

Weisch, da reden wir Europäer von Religionsfreiheit, von Toleranz und Multikulti, aber dann: Burkaverbot in Frankreich? Was soll das? Da werden wir immer weltoffener, aber Frauen sollen sich keine Ganzkörper-Lumpen anziehen dürfen, wenn sie das selber wollen?
Mein Großvater z.B. war Imker, der hat auch so ein Ding getragen.

Was einer glaubt, isch mir eigentlich vollkommen egal. Wenn er sich nur anständig verhält. Lieber ein sanfter Muselman als ein verbohrter Marxist, lieber ein aufrechter Christ als ein neoliberaler Atheist, lieber ein meditierender Buddhist als ein Koranschüler der mir eine Kofferbombe auf den Bahnhof stellt.
Wenn er mich in Ruh lässt kann jeder glauben an was er will: An Gott, an Baal, an die ganze griechische Götter-WG, an die Sterne, an Micky Mouse oder an die Lottozahlen.

Daß ich von der Religion her eher unmusikalisch bin, das hab ich jetzt lang genug erläutert. Aber wenn ich ehrlich bin: Dann denk ich manchmal: Staub, für Atheismus bisch langsam zu alt. Und um gar nix zu glauben langsam z nervös.

*Neulich war ich z.B. auf der Esomesse*
*Was es da alles so gibt – ja meine Fresse*
*Ich war grad ein bisschen in ner Krise drin*
*Hab gedacht, wer weiß, vielleicht find ich da Sinn*

*Hab alles ausprobiert, fand alles erst mal scharf*
*Ob bodywork oder Geistheilung als Mental-Bedarf*
*Tantrisches Aufstellen der Wünschelrute*
*Klangschalenklappern mit der Heilerin Ute*

*Schutzengel verstehen und mit ihnen quasseln*
*Dem schlechten Karma die Show vermasseln*
*Engel kannt ich bisher nur vom ADAC*
*Aber bitte, warum nicht, tut ja nicht weh*

*I ging zu I Ging, i ging auch gleich wieder weiter*
*Hab mein Totem ausgependelt, mein Urtier und so weiter*
*Tier-Shiatsu für den inn´ren Schweinehund*
*Mit Unterwasser-Rebirthing kam ich mir auf den Grund*

*Dann wollt´ich mich vom Feeling her erst mal fühlen*
*Und mit Aurakorrektur meine Blockaden wegspülen*
*So mit ...morpho..genetischem Resonanzgesetz*
*Und feinstofflich beschwörendem Geheimgeschwätz*

*Doch ich mach Anfängerfehler! – Ou, die Heilerin wirkt unterkühlt*
*Hab aus Versehn ihre Heilsteine mit Spüli gespült*
*Auch die „Kunst des Loslassens" – falsch interpretiert*
*Hab einen fahren lassen, dass der Klangraum vibriert*
*„So gehts nicht, das stinkt mir, da ist die Tür!"*
*Worauf ich in meiner Sinnsuche halt weitermarschier*
*Ich verpiss mich stante pede, buch bei Star-Medium Urs*
*Genervt und verzweifelt einen „Selbstliebe-Kurs"*

*Ich schrei „Ich liebe mich" quer durch den Wald*
*Und bin im Wahn gegen einen Ast geknallt*

*„Das war kein Ast“, sagt Urs, „das war Dein innerer Verhinderer!“*
*Den bespricht jetzt ein Guru – ein Inderer*

*Dann will ich Kontakt aufnehmen mit outer-space-Reptilianern*
*Und lande versehentlich bei einem toten Indianer*
*In eine Reinigungshütte will er, dass ich husche*
*„Ne, danke, hab ich zuhaus, ich nenns nur Dusche“*

*Erzengel Aquariel war die nächste Anlaufstelle*
*Ein Hexer im Harz, er nimmt nur Härtefälle*
*Wegen frühkindlicher Verklemmung in der Familienbagage*
*empfiehlt er mir erst mal ne Anal-Massage*

*„Hättschwohl gern“, denk ich und zieh weiter*
*Immer wieder gerat ich an die Falschen, leider*
*Ob Kabbala in Marsala, ob Tantra in der Tundra*
*Und dann der Höhepunkt: Oberheiler Guntram*

*Er prüft erst, ob ich zur Heilung auch ernsthaft tauge*
*Und beschielt mich skeptisch mit seinem dritten Auge*
*Meine Wirbelsäule sei grobstofflich und das wär schad*
*Aber im quantenphysikalischen Wellenbad*

*Würd er mir den Rücken schon wieder richten*
*Dazu müsse er aber erst die Aura ablichten*
*Mit photo-shop hat er die dann rosa überpinselt*
*Und dabei immer in so ne Pyramide gewinselt*

*Ich denk: Langsam wird's ernst! – Nix wie weg*
*Warum nur gerat immer ich an so ein Depp*
*Ach, beim Suffismus gibts sicher was zu trinken*
*Doch die tanzen da nur, bis sie in Trance versinken!*
*Beim Geilpraktiker Horst heißts: „Geld ist Liebe“*
*Er gäb uns Liebe mit, wenn nur das Geld hier bliebe*
*Dann Wotan, einäugig, germanisch-depressiv*
*Mit Hakenkreuz-Tattoo und Springerstiefel-Mief*

*„Ich bin bloß ein Begleiter und Odin´s Vermittler*
*Mit Heilsalben und Heilkräutern“ – na, besser als Heilhitler*

*Wie soll ich sagen? – ein germanisches Debakel*
*„Dir hilft nur ein online Runen-Orakel“*

*Jetzt reichts mir langsam, ich will hier raus*
*Und schlage ihm zur Warnung ein paar Zähne aus*
*Er nuschelt: „Thor-verdammich – so ein Mist“*
*Mit Channeling hab ich mich durch die Hintertür verpisst*

*So habe ich grad noch den Absprung geschafft*
*Von den ganzen Konifären der Geheimwissenschaft*
*Schluß mit Pendeln und Dämonenboxen*
*Endlich wieder hier – bei Euch im Ochsen!*

Die wirklichen „Masters of the world“, die ganzen Finanz-Bänkster und Entscheider, die lachen sich über unsere Sinnsuche natürlich schief. Für die zählen: Fakten, Fakten, Fakten, Money, money, money. Ich weiß nicht, wer von Euch bei der Finanzkrise mitgemacht hat, egal ob als Täter oder als Opfer. Ich weiß, gibt keiner gern zu. Aber man muß ja sagen, die Banken haben sich wirklich dramatisch geändert: Die zocken noch schlimmer ab als vor der Krise.
Als ein kleiner Rückblick und als Warnung nach vorne gleichermaßen: Der Rundumsorglossuperknowhowpaketblues!

Jetzt wollen wir mal sehn, was meine Greifhand alles kann. Da wird er kucken, der Clapton!

*Ich hab geerbt und bring das Geld zur Bank*
*Ja, ich hab geerbt und bring mein Geld zur Bank*
*Das soll was schaffen, sonst liegts nur blöd im Schrank*

*Ein Finanzfachmann seriös bebrillt, adrett*
*Sagt kompetent und nett, dass er was hätt:*
*Ein Rundumsorglossuperknowhowpaket*

*Alles zweifach gesichert, versicheret er mir*
*Abgesichert als „Credit-Default-Swap“*
*Wenn i jetzt nit zuschlag wär i e Riesedepp*

*Dass sich mein Konto dann auch wirklich freut*

*Würd er empfehle, dass man das Risiko streut*
*Mit seinem Rundumsorglossuperknowhowpaket*

*Aktien in Uran, Obligationen,*
*Zertifikate wo sich x-fach lohne*
*Kupfertitel aus Südafrika*
*Staatsschatzbriefe in Somalia*
*Ha – Er als Experte weiß doch wo was geht!*

*Medicine Basquets, Outperformance-Convertibles*
*Knockout Warrents und Trickle-Down-Mixed-Pickles*
*Ja dann,*
*Ja, dann, ah so!*
*Dann mal schnell an die Kohle ran*

*Du verkaufsch eine Aktie, die Dir gar nicht gehört*
*Und wettest dann darauf, dass sie talwärts fährt*
*Leerverkäufe von Leih-Derivaten*
*Und dann nur die böse Baisse abwarten*
*– Ein Rundumsorglossuperdealpaket*

*Die Ratingagenturen melden: AAA*
*Und ich sag Ou Ou Ou, das will ich ha*
*Und ich Idiot sag zu dem Heini schließlich: Ja*

*Gib mir das Rundumsorglossuperknowhowpaket*
*He, gib mir das Rundumsorglossuperknowhowpaket*
*– Ihr habt ja gelesen was in der Zeitung steht*

*Ich sag Au, ich sag Oh*
*Ich sag Auauau und Oh oh oh*
*Das Ganze war ein tiefe Griff ins Klo*
*Wenn der Investmentfuzzy noch mal vor mir steht*
*Noch ahnt er nicht, was ihm bis jetzt entgeht:*
*Mein Rundumsorglossuper-hau-paket*

*Bizepsgestützte Nasal-Fraktur per Punch*
*Bizepsgestützte Nasal-Fraktur per Punch*
*Ein Deal, den Du auch auf Deutsch übersetzen kannsch:*

*Ein Schlag in die Fresse, ein Tritt in den Schritt*
*Den dritten Schlag kriegt er scho nimmer mit*
*Und wenn er dann in die Knie sackt*
*Isch für mich die Sache abgehakt*
*Mit dem Rundumsorglossuper,*
*mit dem Rundumsorglossuper,*
*mit dem volle Rund-um-sorglos-super-hau-paket*

Manchmal denk ich: Vielleicht ist die Aufgabe eines Kabarettisten die Aufgabe ... also die Aufgabe, die Menschen über die Verunsicherung in unseren unüberschaubaren Zeiten über die Verzweiflung in die Hoffnungslosigkeit zu führen.
Wir sollten das heitere Scheitern zum Programm erheben. Wo Widerstand zwecklos ist, wird Ohnmacht zum Vergnügen und Ablachen zur Pflicht!

Manchmal sitz ich ja als letzter Gast hier im Ochsen, schau in den Sternenhimmel, manchmal auch in den Mond, und staun einfach so vor mich hin.
Da sitzen wir Menschlein, wir unbehaarten Affen, auf dieser Erdkugel und flitzen mit einer Geschwindigkeit von ungefähr 107.000 km/h durchs All. Dann dreht sich diese Kugel au noch mit einer Geschwindigkeit von 1.679 km/h und trotzdem hauts uns nicht runter. Das musst Du Dir mal klarmachen: Wenn die Erdanziehung nur ein bißle kleiner wär, dann würds uns ins All hauen. Und wenn sie stärker wär, hätten wir alle Plattfüße.

Eigenartig, erstaunlich und eigentlich völlig unerklärlich! Völlig sinnlos rasen wir auf einer drehenden Murmel durchs Ambiente, einer Murmel, die vor 13,7 Milliarden Jahren entstanden sein soll. Sagen die Astrophysiker.
Mit einem Urknall.
Und in 7,5 Milliarden Jahren stirbt die Erde wieder.
Ham sie ausgerechnet.
Dann ist wieder vorbei mit durchs All flitzen, finito, futschikato.
Gut, in 7,5 Milliarden Jahren, da lohnt sichs schon noch dass Du dir eine Monatskarte bestellsch, oder eine Jahreskart fürs Schwimmbad.

Vielleicht ist das Universum auch unendlich, zieht sich immer wieder mal zusammen und pumpt sich wieder auf wie so ein Blasebalg. Dann geht nach dem Weltenende die ganze Entwicklerei wieder von vorne los. Und ich kann das ganze Zeugs noch mal erzählen.
Aber vielleicht kollidiert die Erde auch schon im Jahr 2050 mit einem Sternenklumpen und verglüht? Dir mit der Restlaufzeit von sagen wir mal 10 Jahren, gut 12, kann selbst das egal sein.
Da wirst Du wieder zu Staub. Ich bins schon.

Wenn ich angesichts all dessen zum Schluß vielleicht noch mal mit dem gebotenen Ernst den ganzen Abend philosophisch, aber auch kalaunisch-hedonös und in fröhlicher Wissenschaftlichkeit zusammenfassen darf, dann würde ich sagen: Die Lage ist hoffnungslos, aber nicht ernst. Ciao!

# II. SPRENGSÄTZE

## Das deutsche Archiv

Tief verborgen im sogenannten „Barbara-Stollen“, einem alten stillgelegten Silberbergwerksstollen, 600 Meter unterhalb des Schauinslands im Schwarzwald befindet sich das weithin unbekannte Archiv der deutschen Erinnerungen. Im offiziellen Amtsdeutsch heißt es: „Zentraler Bergungsort der Bundesrepublik Deutschland“. Eine Welt-Kultur-Sensation!

In diesem Stollen werden deutsche Akten, Urkunden, Dokumente gelagert, auf Mikrofilm festgehalten, damit sie nicht verloren gehen. Inzwischen über 36.000 km Mikrofilm, extrem gut geschützt tief im Granit des schwarzen Waldes.
Daß dieser Stollen eine Sensation ist, merkt man daran, daß er als geschütztes Kulturgut von der Unesco die höchste Stufe erhalten hat: Drei blaue Dreiecke! Das Brandenburger Tor z.B. hat nur eins. 3 blaue Dreiecke, das gibt es weltweit nur 3 mal: Für den Vatikan, fürs Reichsmuseum in Amsterdam, und für dieses Archiv!
Und was ham wir damit gelernt? Was bleibt hängen? Was nehmen wir mit nach Hause? Der Vatikan schützt seine Reliquien, der Holländer seine Kunst und wir Deutschen halt unsere Akten.
Man könnte auch sagen: In diesem Barbarastollen bei Oberried, da, wo früher Silber abgebaut wurde ruht heute das mentale Tafelsilber der Deutschen. Als eine Art unterirdisches Walhall. Und wenn „Barbara“ schon fast nach Barbarossa klingt – liegt der wahre Kyffhäuser vielleicht im Schwarzwald? Kiffhäuser in Holland sind jetzt wieder was anderes.
Und wie werden die Mikrofilme gelagert? – In Bierfässern!
Das glaubt jetzt wahrscheinlich keine Sau, aber es ist so.
Das macht man deshalb, weil dieses Material – V2A-Stahl – dermaßen stabil ist, das hält mindestens, ach, tausend Jahre. Gut, so lange sollte schon manchmal was halten in Deutschland, aber in dem Fall stimmt es.

Was ist jetzt in diesen Fässern konkret drin: z.B. Urkunden, von der ersten Ernennung der Merowinger über die Krönungsurkunde Otto des I., die Memoiren Bismarcks, der deutsch-deutsche Vertrag, den der Schäuble ausgehandelt hat, die Obamarede an der Siegessäule bis hin zur Englischrede von Günther Öttinger.

Manuskripte von Schiller, Göthe, über Kleist bis hin zu den Feuchtgebieten von Charlotte Roche. Wir sind nun mal das Volk der denkenden Dichter und nicht ganz dichten Denker.
Notengekritzel von Beethoven, Bach, Händel, Xavier Naidoo – alles was es an deutschem Kulturgut gibt.
Gut, man kann sich natürlich fragen ist Xavier Naidoo Kultur?
Muß man den Naidoo da nei du?! – Wortspiel vom Feinsten! Bin nun mal ein Bonmot-Hemiens

Überhaupt soll es in diesem Programm darum gehen:
Was muß der Nachfahre irgendwann von uns noch wissen?
Was muß von unserer Gegenwartsgeschichte in die Tonne getreten werden?
Was lohnt sich von uns zu erzählen?

Als offiziell kulturell Beauftragter der Bundesregierung für aktuelle Ablagerungen, besoldet mit einem Null-Euro-Job, muß ich heutige Dokumente, verbriefte Ereignisse sortieren und dann entscheiden, was auf Mikrofilm gezogen wird und was nicht.

Hier z.B. der fertige unterschriftsreife Kaufvertrag von Opel durch MAGNA, diesen österreichischen Autozulieferer. Frau Merkel hat ja von Anfang an auf MAGNA gesetzt, hat gesagt: MAGNA heißt „Mit Angela geht nichts anderes“. Shit happens.
Jetzt behält GM Opel.
Wahrscheinlich besser, wie wenn Opel von FIAT gekauft worden wäre. Stellt euch das doch nur mal vor: Opel und FIAT gemeinsam, eine Mischung aus Bockmist und Mistbock. Man kanns ja förmlich buchstabieren: OPEL „ohne Partner ewige looser“. Und FIAT: „Für Italiener ausreichende Technik“.

Hier hab ich eine Einladung an Firmen in NRW, die sich bei einem Treffen mit Rüttgers zu einem persönlichen Gespräch einkaufen können. 6000 Euro für die Stunde. Dafür könntesch mindestens 10 Mal in den Puff oder über 300 mal in meine Veranstaltung, zu einem Gespräch mit mir. Gut das Gespräch heute Abend wird relativ einseitig sein.

Das hier ist das Kündigungsschreiben für Klaus Kleber beim ZDF. Hat der Koch durchgesetzt, dieser hessische Äppelwoi-Berlusconi. Der will, dass in Zukunft auch beim ZDF nur noch „Koch-Sendungen“ gezeigt werden.

Noch eine Kündigung: Mehdorn bei der Deutschen Bahn. Was aus ihm selber wird, diesem Ober-bahn-diten, ist noch nicht ganz klar. Er soll ja im Gespräch sein, um jetzt doch noch Märklin zu sanieren oder der Schäuble hat ihm angeboten als Vorsitzender in seinem Sonderausschuß für Computerüberwachung zu fungieren. Eine Arbeitsgruppe mit dem schönen Titel „E-mail und die Detektive“. Der Mehdorn kann das. Die Mitarbeiter der Bahn, aber auch die Telekom-Angestellten können davon ein Lidl singen.

Hier hab ich das Gerichtsurteil gegen Zumwinkel, 1 Jahr auf Bewährung, die darf er jetzt auf seinem eigenen Schloß in Südtirol absitzen, die 1 Million Strafe zahlt er bar aus der Portokasse, sobald er die 200 Millionen Abfindungen gekriegt hat, die er in diesen Tagen einklagt.

Das hier ist ein kontaminiertes Wertpapier. Die Begriffe schon: „kontaminierte“ Papiere. Da gibts ja Überlegungen, daß man eine „bad bank“ gründet, um solche Papiere endzulagern, das klingt nach einem finanziellen Gorleben. Als ich zum ersten Mal gehört hab, daß da eine bad bank gegründet werden soll , hab ich gedacht: Wie wärs denn mal mit einer guten?
So Sachen hab ich halt hier, die ich einlagern muß. Natürlich auch das offizielle Wahlergebnis der Bundestagswahl 2008.
„Zu Angela der Tyrannin schlich, Frank Walter, den Dolch im Gewande, ihn schlugen die Wähler zuschande. Was wolltest Du mit dem Kandidaten sprich? Fragte man Franz, den Münterich. „Ich wollte getz Deutschland von Merkel befrein“ Das musstet ihr am Kreuzchen bereun!“

Aber auch Dokumente, die erstmal mit Politik nix zu tun ham, wie z.B. hier den Spielplan der Fußball-WM 2010. Durch das Fußballmärchen 2006 hat sich das Bild von uns Deutschen im Ausland ja dermaßen verändert. Seit der WM 2006 frönen wir einem fröhlichen entspannten Nationalismus, ohne Großmannssucht, wie alle andern auch.
Wenn heut der Schweinsteiger schießt, dann schießt nicht mehr das

historische deutsche Schweinesystem, dann schießt einfach nur der Schweinsteiger. Ich find das toll. Und das hat Fußball erreicht.

Vielleicht sollte man bei diesem allgegenwärtigen fröhlichen entspannten Nationalismus einfach auch die letzten Hundert Jahre deutscher Geschichte mit etwas mehr Gelassenheit auch durch die deutsche Fußballbrille sehen und als Fußballreportage erzählen.

## Fußballreportage

*(sehr frei nach einer Idee von Matthias Beltz)*

„Vom Kaiser aufs Spielfeld geführt, begannen wir mit kontrollierter Offensive. 14. Minute Angriff im Hexenkessel von Verdun, dabei voll in einen Konter gelaufen, 18. Minute war das Spiel doch praktisch schon verloren, der Kaiser wurde nach Holland transferiert, immer wieder standen wir abseits,, dann aber nochmal ganz ordentlich ins Spiel gekommen bis zur 33. Minute. Danach vollkommen falsche, indiskutable Spieler eingewechselt, kackbraune Trikots, böse Fouls und Blutgrätschen, ab der 39. Minuten, angepeitscht von der Stadionzeitschrift „Der Stürmer“ blind drauflosgeballert, in der 42. Minuten gar in die sibirische Abseitsfalle gedappt, da wurden wir in der Kabine nach der 45. Minute völlig zu Recht im Nürnberger Stadion von einem internationalen Schiedsrichtergespann ganz schön zusammengestaucht.
Aber schon Sepp Herberger wusste: Jedes Spiel dauert 90 Minuten. Und wie verwandelt kamen wir aus der Kabine, die zweite Halbzeit wurde insgesamt grandios gespielt, trotz einiger Rangeleien in der 53. Minute vor dem Brandenburger Tor, in der 54. ten wurden wir schon etwas voreilig als Weltmeister gefeiert, denn ab der 61. Minute wurde auf der linken Seite von den Abwehrspielern Ulbricht und Honegger einfach zuviel gemauert, aber dann in der 69. Minute eine entscheidende Einwechslung: Brandt für Kiesinger, der provozierte sofort einige rote Karten für die Linksaußen und bewirkte Platzsperren im öffentlichen Dienst. Durch Brandt lief das deutsch-deutsche Spiel wesentlich harmonischer, auch wenn Brandt wegen der harten Manndeckung durch Günter Guillaume bald schon selbst seine Auswechslung forderte und in der 74. Minute durch den unauffällig aber sehr ökonomisch spielenden Schmidt-Schnauze ersetzt wurde.

Brutalste Ausschreitungen randalierende Hooligans waren dafür verantwortlich, daß Hans Martin Schleyer in der 77.ten Minute auf einer Bahre vom Feld musste, das Spiel drohte zu kippen, stand kurz vor dem Abbruch, aber nach einem tollen Sturmlauf und dem damit verbundenen Auswärtssieg in Mogadischu konnten wir wieder befreit aufspielen. Ein genialer Flankenwechsel von Hans Dietrich Genscher sorgte in der 82.ten für einen fulminanten Auftritt Helmut Kohls. Der kam sofort gut ins Spiel, hielt immer wieder seine Birne hin und trotz einigen Aussitzern ging er viele Wege, und in der 89. Minute fiel dann endlich das entscheidende Brandenburger Tor Tor, Tor – Deutschland ist wiedervereinigt!"

In der ganzen Begeisterung hat man sogar vergessen in der 90. Minute abzupfeifen. Inzwischen sind wir bereits in der 20. Minute der Verlängerung und keiner weiß wie es ausgeht.

## Wir Nibelungen

Historisch haben wir Deutschen viel zu lange immer nur verengt auf diese 12 Jahre der Hitlerei gestarrt. Wie so ein Hauskaninchen auf die Giftschlange der Nazizeit. Wir müssen uns historisch weiter öffnen. Mensch, was liegt in unserer langen Geschichte nicht alles für unbearbeitetes Filmmaterial bereit. Als endlich entspannte Nation könnten wir doch spannende Geschichten erzählen: Positive nationale Mythen! Andere Nationen machen das doch auch. Die Schotten haben ihren „Braveheart", die Spanier ihren Don Quichote, die Franzosen ihre Jeanne d Arc, die Schweizer ihre „Heidi", und die Amis ham ja sogar ihren Gründungsakt, den Massenmord an den Indianern zu Western veredelt. Warum bitteschön, sollen wir nicht Action Guerilla-Filme produzieren über Arminius, den Cherusker, immerhin der ersten deutschen Widerstandskämpfer gegen den römischen Imperialismus, oder ein Heldenepos über Blücher, der in den deutschen Befreiungskriegen Napoleon in Waterloo praktisch allein besiegt hat. Das war eine Art Preußen-Che.
Nein, wir werden radikal, gehen ganz zurück zu den Wurzeln!
Warum nicht die Nibelungen endlich mal authentisch als deutschen Urmythos verfilmen.
Was für ein Stoff für das große deutsche Autorenkino.

Regie: Ein Arbeitsteam aus Wim Wenders, Florian Henkels von Donnermark, Margarethe von Truthahn und Helge Schneider.
Textdramaturgie: Guido Knopp und Günter Grass.
Prolog: Siegfried, gespielt von einem blond gelockten Till Schweiger, der ersticht den Drachen, gespielt von Nina Hagen, wälzt sich im Blut und auf einem herunterfallenden Blatt unter den Linden erscheint der Filmtitel: „Nibelungen-Entzündung“
Plot: Hoch im Norden von Isenland, wo die Umnachtung nicht endet, thront Brunhilden, gespielt von Hella von Sinnen und die hat bei einem fahrenden Bänkelsängern, geknödelt von Herbert Grönemeyer, eine Annonce aufgegeben: „Wer um mich wirbt, der wirbt zugleich um seinen Tod“
Schnitt!
Am Hof zu Worms erscheint bei König Gunther, gespielt von Uwe Ochsenknecht, Till Siegfried Schweiger auf seinem Pferd Rheingold, gemimt von Heino Pferch, und will mit Gunter um dessen Besitz fechten. Aber Siegfrieds Unverwundbarkeit hat sich rumgesprochen, also werden lediglich ritterliche Leibesübungen abgehalten: Es wird geschmissen. Um die Ehre. Und zwar mit dem in den Sechziger Jahren liegengelassenen Hammer von Uwe Bayer!
Königinmutter Ute, zelebriert von Ruth Maria Kubitschek ist ebenso schwer beeindruckt von Siegfried wie Gunthers Schwester Kriemhild, lasziv gemimt von Hannelore Elsner: „Der hat aber einen ordentlichen Bums“. Ups – Kriemhild errötet, weil sie als gute Deutsche wahrscheinlich denkt: Erotik kommt von Erröten. Schnitt. Großer Kameraschwenk!
Nachdem Siegfried auch Hagen von Tronje, gespielt von Heiner Lauterbach, im Turnier besiegt, verspricht Gunter, alias Uwe Ochsenknecht, daß Siegfried, alias Till Schweiger, Kriemhild, alias Hannelore Elsner, zur Frau nehmen darf, falls er ihm, also Gunter, hülfe, Brunhild, alias Hella von Sinnen, zu überwinden und damit in sein königliches breites Lotter-Bett, dargestellt von Otfried Fischer, zu zwingen. Punkt. Schnitt!
Siegfried erzählt, wie er über Zwerg Alberich, großartig in einer Gastrolle Gregor Gysi, zu einer IM-Tarnkappe kam. Und schon wird Heino Pferch gesattelt – und ab geht's Richtung Isenland in gestreckten Galopp in die untergehende Sonne. Hufgetrappel, aufwirbelnder Staub, große Blende, Trompetenjazzgedudel von Till Brönner. Schnitt.
Das Ergebnis ist bekannt. Hella, diese sinnliche Brunfthilde, wird von

Siegfried, also Till Schweiger, den sie aber durch die Tarnkappe für Gunter hält, also Ochsenknecht, besiegt. Schnitt.
Siegfried eilt voraus an den Hof zu Worms unterhalb des Doms, gespielt von Gaby Dohm, und berichtet von der bevorstehenden Hochzeit.
Die Kampflesbe Hella alias Brunfthilde hält auf ihrer Jungfernfahrt von Isenland nach Worms auf dem Rhein den schlotternden und sich einnässenden Gunter, alias Ochsenknecht, mit bloßer Hand über die Schiffsreling, was wiederum ein belgischer Künstler aus Brüssel sieht und dadurch zum Männeken Piß angeregt wird. (Erste Anspielung auf das entstehende Europa)
Brunfthilde wundert sich über den hilflosen Schwächling und kündigt ihm an, daß wenn es zur Hochzeitnacht kommen soll, er sie schon vergewaltigen müsse.
Das übernimmt dann aber wieder gerne Siegfried, der Schweiger in der IM-Tarnkappe von Gregor Gysi und alle wären glücklich, wenn Siggi, dieser dumme Till Eulenspiegel nicht ihren Keuschheitsgürtel, überzeugend angelegt von Annette Schavan, als Trophäe mitgenommen hätte. Kriemhild ist rasend vor Eifersucht, rast wie von Sinnen zu Hella und erzählt es der brühwarmen Schwester, äh, brühwarm der Schwester im Geiste. Die wiederum sinnt auf Rache, beschwört Hagens Killerinstinkt und erteilt ihm die Lizenz zum Töten!
Zwecks Einrichtung seines Schlosses an einem plätschernden Lauterbach im Odenwald, beugts sich Siegfried gerade über einen Quellekatalog (Anspielung auf das Wirtschaftswunder), als ihn von hinten Hagens Speer tödlich zwischen die Schulter trifft. Röchelnd bricht Siegfried zusammen und wird so endgültig zum Schweiger. (Erste Dolchstoßlegende der deutschen Geschichte)
Aus Rache heiratet Kriemhild später Etzel den Hunnen, gespielt von Armin Rohde, der die Rolle vielleicht etwas zu putinesk, als eine Art russischer Räuber Hotzenplotz anlegt.
Finale! Großer Showdown:
Besuch der ganzen buckligen Verwandtschaft aus Worms auf der Burg Etzels, gedreht in den Ruinen der Wolfsschanze. Kriemhild, also Hannelore, stöhnt: „Hach, für meine immerwährende laszive Schönheit werde ich ein Blutbad nehmen". –
Die Burgunder werden abgefüllt mit Spätburgunder, dann....ach, machen wirs kurz: Riesengemetzel auf der Burg vom Etzel.
Alle liegen blutend und stöhnend in der vernebelten Landschaft

herum, als einer der letzten Überlebenden, Dietrich von Bern, rezitiert von einem digital re-animierten Bernhard Minetti zum Schlussmonolog anhebt:

Hier hat sich Schuld in Schuld zu fest verbissen
Es ist an mir. Etzel, ich nehm Dir deine Krone ab
Und schlepp die Welt auf meinem Rücken weiter
Im Namen dessen der am Kreuz erblich!"
Ende!

Wenn das kein deutscher Gründungsmythos ist! Wirtschaftswunder, Stasi, Völkermord, Europa – alles dabei!

Im Grunde war das der Übergang von der germanischen Heidnizität zum christlichen Vaterland. Und von dort war es nur ein kleiner Schritt zum Heiligen Römischen Reich Deutscher Nation und von da zum CDU-Staat, zu Helmut Kohl, zur Wiedervereinigung und jetzt ham wir schon die erste Kanzlerin, die bei der letzten Wahl gekürte Ost-Walküre Angela Merkel! Zugegeben, etwas im Zeitraffers geschildert. Aber so wars!

## Zonen-Weibchen

20 Jahre sind wir jetzt wiedervereinigt, eigentlich schön, aber im Osten gibt es ein Problem: Die Frauen hauen ab. Gerade die im gebärfähigen Alter zwischen 18 und 35 machen in den Westen unserer Republik.

Die neue Familienministerin Kristina Köhler, die uneheliche Tochter von Horst Köhler, die sich jetzt zur Tarnung Schröder nennt, hat einen Wissenschaftler aus der neutralen Schweiz beauftragt, herauszufinden, an was das liegt. Gerade gestern habe ich diese Studie eingelagert. Wenn ich vielleicht daraus mal kurz zitieren darf:

***Schweizer Wissenschaftler:***
*Als Ethnologe am Forschungsinstitut für bedrohte Frauenarten an der Universität Zürich haben wir nach langen Feldforschungen in Ostdeutschland herausgefunden: Das gemeine Zonenweibchen, peggy vulgaris, ist zum einen massiv enttäuscht von den niederen Rängen des männlichen Exemplars (ronny primitivus), meist besoffen, sind sie nicht in der Lage aus-*

*reichende Jagdbeute in die Plattenhöhlen zu bringen und so für geeignete Nistplätze zu sorgen, oft gepaart mit depressiver Impotenz, zum anderen will sich auch manche peggy vulgaris darwinistisch fortentwickeln zur Tussi pecuniensis, zur besserverdienenden Mittelklassefrau, oder gar zur Tusnelda carrieris, zur Karrierefrau, das so eine cindy crawallis natürlich nur durch den Wildwechsel in den Westen erreichen kann.*
*Das hat natürlich fatale Auswirkungen für die zurückgebliebenen Ostrüden.*
*Das resignierte Zonenmännchen, homo radebergensis, reagiert ganz natürlich mit zunehmender Deprivation, fühlt sich zu Tankstellen und Trinkhallen hingezogen, versucht den nicht ausgelebten Triebdruck mit nächtlichen illegalen Autorennen abzureagieren oder er entwickelt sich gar zum kahlgeschorenen Gammadackel, zum hooligan ostelbiensis, und wird aggressiv gegen andere Arten, die in sein Revier eindringen, wie beispielsweise bimbo exilis oder fidschi asylantis. Ich dankche Ihnen.*

## Finanz-Esoteriker

Seit dem Amoklauf der Finanzmärkte, haben die Bänker in etwa das Image der Schützenvereine nach dem Amoklauf von Winnenden.
Aber immer kamen sich diese Finanzesoteriker, diese Mischpoke aus Finanzdealern, Hedgefondsmanagern und Brokern als allwissende selbstbewußte Elite vor, die mit ihrem Hummer morgens zum Brötchenholen fahren und mittags ihre Tussies zum Einkaufen mit dem Privatjet kurz nach Mailand schicken.
Das Wort Manager hat sich in ein Schimpfwort verwandelt. Jetzt brauchen wir nicht mehr differenzieren, der und der Manager ist ein Arschloch. Jetzt reichts, wenn wir einfach zu jedem Arschloch sagen: Du Manager, Du!
Diese Finanzesoteriker wissen nix, die spekulieren nur wild in der Gegend herum. Jongleure des gesichertem Halbwissens. Fachidioten sind vielleicht vom Fach aber halt auch nur Idioten. Ihre angeblich Fakten gestützten Prognosen – die reinste Spekulation. Eben: Spekulation!
Viele reden auch von Finanzarchitektur. Auch eine schöne Metapher. Wenn man nicht mehr genau weiß, wie etwas funktioniert, dann greift man zu Metaphern. Aber gerade als Architekten, oder Aschitekten, bei der ganzen Asche, hätten die Finanzexperten doch wissen müssen, wenn man etwas untertunnelt, durch dunkle Kanäle fließen läßt, da

kann dann auch mal was einstürzen. Hat man ja in Köln bei dem Archiv gesehen. Spekulationsgeschäfte sind die Untergrundbahnen der Finanzarchitektur.

Endlich darf die „Systemfrage“ wieder gestellt werden. Und sie wird wieder gestellt. Was wir früher gemacht haben, können die schon lange: „HRE ist systemisch wichtig.“ Heißt es ganz offiziell. Die HRE darf man nicht den Bach runterlassen wie Lehman. Die ist für das System wichtig. Wenn ich morgens vor dem Spiegel stehe, dann weiß ich: „Du bist für das System nicht wichtig, Du schlecht rasierter Kleinsparer, Du sowieso zu wenig konsumierender Konsument“.
Das System ist wichtig, auch wenn einige Wichtigtuer des Systems selber über die Klinge springen, Merkle z.B, der sich mit Porscheaktien verzockt hat und sich dann von öffentlichen Verkehrsmittel hat überrollen lassen, weil er an keine öffentlichen Zahlungsmittel kam. Nebenbei bemerkt, Ratiopharm hätte eigentlich nach Merkles Selbstmord sofort die Antidepressiva vom Markt nehmen müssen, weil der eigene Chef ja bewiesen hat, daß sie nix taugen!
Merkle – ein Gefallener des Systems

## In Solvenz

Es fing ja so harmlos an, im Sommer, Herbst 2008. Ich wollte mich gerade zu einem wohlverdienten Urlaub in Sardinien an den Strand legen, da kam hektisch einer auf mich zugerannt:
Stellen Sie sich mal vor, was mir im Urlaub passiert ist?
*„Keine Ahnung, wo waren Sie denn?“*
In Solvenz
*„In Solvenz? – und wie wars da?“*
Eigentlich super. Habe nette Leute kennengelernt, deren Namen habe ich vorher noch nie gehört: Fanny Mae, Freddi Mac, Merryl Lynch. Die haben uns auch diese Anlage empfohlen, ziemlich windig zwar und direkt am Abgrund, aber sehr schöne Aussicht. Da habe ich mich gemütlich zurückgelehnt an meinem Aktienpool, und plumps – rücklings ins Wasser gefallen.
*In Solvenz?*
Ja, in der Wallstraße. Das ist so ein potemkinsches Dorf. Die Anlage gehörte irgendwelchen Lehmann-Brüdern. Der Name hat irgendwie

Vertrauen erweckt wegen dem Torwart.
*Ja, ja. Vielleicht hätten Sie da schon stutzig werden sollen, der Lehmann sieht hinten drin auch nicht immer gut aus.*
Na ja, wer sieht hinten drin schon gut aus!
*Und was hat Sie das gekostet?*
Das war nicht billig.
*Ja, ja, so was geht ganz schön an die Börse*
Aber das war uns die schöne Aussicht auf das Meer wert
*Auf den Mehrwert. Aussicht auf den Mehrwert!*
Wie bitte? Mein Geld ist jetzt jedenfalls irgendwo auf Pilgerreise, nach dem Motto: Ich bin dann mal weg

## Alk-Bonds

Die Finanzkrise, das war ja ein Vulkanausbruch. Jedenfalls gings um viel Asche. Plötzlich hat die Regierung mit Asche nur so um sich geworfen. Dem aschespuckenden Vulkan sollte mit immer mehr Asche das Maul gestopft werden. Inzwischen wissen wir: Die verursachenden Aschlöcher haben sich mit Asche wieder vollgestopft und machen genau so weiter wie bisher, nach dem Motto: „Hastu Asche in der Tasche, hasch Du immer was zu nasche".

Der Dorfelektriker bei uns, der auch für die Sicherheit im Archiv zuständig ist, der Bürgele Franz, mehr so ein bauernschlauer Typ, hat mir neulich erzählt, wie er mit der Finanzkrise umgegangen isch:

***Franz Bürgele:***

*„Weisch Volkmar, diese Finanzkrise – ich hab ja mein Lebe lang schon eine Finanzkrise. Du musch nur damit umgehe könne. Nimm nur mal diese Verstaatlichung, oder Teilverstaatlichung, die sie da gmacht ham.*
*Ich hab mir mal überlegt, wenn des die Banke mache, dann kann ich das doch au mal probiere, mich teilverstaatlichen zu lassen. Ich brauch keine Milliarde, sagemermal 100000 Euro, dafür würd ich locker meine rechte Hand teilverstaatliche lasse. Sie sage ja, sie däte dann nicht ins operative Geschäft einmische. Also. Weisch, wenn ich dann mal aus Versehen was klau, kann ja mal passieren – dann sag ich: Des war nicht ich, des war die öffentliche Hand!*

*Oder sagemermal für e halbe Million würd ich locker mein Füdle, also mein Bobbes – de Arsch – verstaatliche lasse, eine Hinterteilverstaatlichung praktisch. Als Pfand würd ich einen Gipsabdruck mache lasse, den könnt sich dann der Schäuble als neue Finanzminister auf de Schreibtisch stelle. Dann könnt er mich jede Tag am Arsch lecke!*

*Aber Du, die Bänker machen ja jetzt einfach weiter wie immer. Weisch, was mir mache sollte? Ich sag ja immer, was die könne, könne mir schon lang. Mir sollte des Gleiche wie die mache. Wenn man des System einmal durchschaut hat, dann ist das gar nit so schwer mit dem Abzocke. Paß mal auf: Wir sollte zum Kurt gehen, des isch de Wirt von meiner Stammkneipe, vom „Sportstüble", und zu ihm sagen: Kurt, paß auf, um dein Umsatz zu steigern, musch du uns, also deine Kunden unbegrenzt Kredit geben, d.h. ab sofort lassen mir alle unser Bier anschreiben, Deckel machen.*
*Das spricht sich schnell rum, der Besucherandrang erhöht sich automatisch, weil sie alle wisse, hier kannsch auf Kredit saufe. Gleichzeitig soll de Kurt aber die Bierpreise verdoppele, isch ja egal, kommt ja eh nur auf den Deckel.*
*Der Umsatz erhöht sich immer mehr, die örtliche Brauerei „Lasser" kommt kaum nach mit Liefern, der Kundenberater von der Bank sieht den erhöhten Bierausstoß und bietet dem Kurt zur Liquiditätssicherung eine unbegrenzte Kreditlinie an. Als Sicherheit kriegt die Bank dann natürlich die ganze Deckel von uns Süffel.*
*Und diese unbezahlte Bierdeckel – jetzt paß auf – die wandelt die Bank dann in verbriefte Schuldverschreibungen um, in Wertpapiere, sollese sie von mir aus „Leber-Wertpapiere" nenne. Zusammengemischt mit Deckeln aus anderen Kneipen, werden diese Papiere dann als „Suffbond", „Alkbond" oder dem Hochrisikopapier „Kotzbond" auf den Markt geworfen.*
*Und weil diese Papiere hohe Rendite versprechen, werden die Suffbonds zum absolute Renner auf den internationalen Geldmärkten. Alle sind glücklich, mir, weil wir umsonst saufe könne, der Kurt, weil er ein Riesenreibach macht, und die Bänker vom Kurt seiner Hausbank, weil sie Millionen an Boni ausbezahlt kriegen.*
*Logisch – eines Tages kommt natürlich einer von dene Bankmanager auf die blöde Idee, die älteste Bierdeckel langsam mal fällig zu stellen. Gut, dann platzt halt die Blase. Zur großen Überraschung können wir Säufer unsere Deckel nicht bezahlen, Tilgung unmöglich. Aber au des isch letztlich egal. Zwar verlieren die Suff- Alk- und Kotzbonds 95% an Wert, die Brauerei geht Konkurs, die Bank geht pleite, aber:*

*Mit EU-Zuschüssen wird Lasser von der irischen Brauerei Guiness aufgekauft, Kurtis Hausbank wird mit Steuergeldern gerettet und die Boni der Bänker werden zur Motivation in der Krise noch mal verdreifacht.*
*Klar: S „Sportstübli" vom Kurt muß zwar Insolvenz anmelden, wird erstmal geschlossen, ... aber: schon am nächste Tag öffnet der Kurt mit Unterstützung der Iren unter dem Namen „Irish Sports-Pub" sein Laden wieder, wir alle kriegen wieder neue Deckel und saufen fröhlich weiter. Jetzt halt Guiness statt Lasser. Soviel schlechter kann des gar nicht sein. Und alles geht von vorne los. Und bevor die Blase dann wieder platzt – musch halt rechtzeitig immer wieder mal aufs Klo zum Schiffe! Prost!*

## Diebesgrüße aus Liechtenstein

Immer wieder werden deutschen Finanzämtern CD´s mit Daten von Steuersündern angeboten. Der Finanzminister hat sich neulich prinzipiell dazu geäußert.

***Wolfgang Schäuble:***

*„Zunächst einmal: Unsere Partei, die CDU, fängt vorne mit CD an und daher ischt es eine Selbschtverschtändlichkeit, daß wir diese angebotenen CD´s kaufen. Da ischt vermutlich ganz schön Musik drin. Ich muß mir jetzt erscht einmal Dreck für Dreck anschauen, dann sehen wir weiter. Dieses Casting ischt mein Beitrag zu DSDS „Deutschland sucht die Steuersünder". Blöd wär jetzt nur, wenn ich auf den CD´s vorwiegend Dateien aus meinem eigenen Musikstadel finden würde. Aber es ischt dann halt wie es ischt.*
*Ich kann Ihnen versichern: Allen, die ihre Einspielungen in der Schweiz nicht bei mir angemeldet haben, denen werde ich die Konten downloaden. Des isch dann nicht „my space", aber mei Schpaß!*
*Wer zu spät singt, den bestraft das Finanzamt. Und deshalb möchte ich Ihnen, liebe Mitbürger, hiermit jetzt die letschte Gelegenheit geben, sich selber anzuzeigen. Alle Steuersünder heben bei drei die Hand: 1, 2, 3! ... nix, aha. Ich habs ja gewusst: In meinem badischen Ländle sind halt alle ehrlich. Ich danke Ihnen!"*

Ich hab mir überlegt: Wenn die jetzt alle Daten aufkaufen, dann brenn ich meine nächste Steuererklärung einfach auch auf eine CD und verkauf sie meinem Finanzamt für 10000 Euro.

## Guido goes Amerika

Was bisher geheimgehalten wurde – aus Staatsräsongründen vermutlich – ist die Antrittsrede von Westerwelle als Außenminister bei Obama. Als er zum ersten mal mit Angela drüben war, hat Guido beim Festbankett gesprochen. Auf Englisch:

*Dear Mr. President, i enjoy me you here to meet. First I want to you say: I have really nothing against black people, because I me in Berlin also in a coalition with the blacks befind. It is nice from you, that you me invated have to visit the liberty statue. The last time that I inside a lady was, is many years ago. But that makes nothing.*

*I know, dear Barack, that you problems have with your health-politics. The American health-system is not the yellow from the egg. Others also not. Perhaps should we the systems change. You can ours have and we yours. So you have your socialist system and my pharma-lobby is happy. Don´t Hartz – be happy.*

*But now let me you invite from my side to Germany. That you you wellfeel, when you to us come, I would show you all black things that it by us gives: our black cashboxes of the political parties, the blackdrivers in the U-bahn of Berlin, black bread and black beer.*

*Selfunderstandly I would with you in the blackforest go, where fox and rabbit themselves good night say. Up that we us good understand.*

*Your Guido, ... äh.. excuse me...Gaydo...Wester..wave! Thank much times!*

Fast so schlimm wie der Öttinger. Der sagt, er will jetzt in Brüssel sein Schwänglisch, also die Mischung aus Schwäbisch und Englisch, als neues Esperanto in Europa einführen

## Steinbrück und Tell

Die Politik – jahrelang in der Hand der Wirtschaft – gegenüber der Ökonomie kaum handlungsfähig. Nach der Finanzkrise wollte es Peer Saldo Steinbrück der Finanzindustrie aber mal so richtig zeigen, wer Herr im Hause ist. Zurück zum Primat der Politik.

Steinbrück, wenn man ihn sieht, wie er ab und zu seine kräftigen Zähne fletscht, da kann auch keiner mehr bezweifeln, daß es sich beim Steinbrück um einen Primaten der Politik handelt.

Wie er die Schweizer z.B. in den Senkel gestellt hat. Mein lieber Scholli! Hat gemeint: Man muß diesen Indianern nur mal zeigen, daß es notfalls auch die Kavallerie gibt! – und hat Zuckerbrot und Peitsche angedroht. Riesenärger.
Schiller, nicht Karl, nein, Friedrich Schiller wäre dieses Jahr 250 geworden. Und er hat diesen Disput Steinbrücks mit den Schweizern damals in seinem Stück „Wilhelm Tell" praktisch schon vorweggenommen:

*Peer: Seht ihr die EU-Fahne dort oben auf der Stange? – Sie sollt ihr mit gebognem Knie und mit entblößten Schwarzgeldkonten fromm verehren. Daran will ich die Gehorsamen erkennen*

*Tell: Wir unsre Knie beugen? Niemals! Eine Grenze hat Tyrannenmacht. Wenn der gedrückte Reiche nirgends Recht kann finden, wenn unerträglich wird der Konten Last, schickt ers zu uns getrosten Mutes. Das sind die ew´gen Rechte, die in Zürich hangen ewiglich.*

*P: Der Worte sind genug gewechselt, ich will jetzt Eure Daten sehn*

*T: In unsre hohlen Kassen muß es kommen, das Schwarzgeld, die Namen unveräußerlich. Es führt kein andrer Weg zur Geldmacht.*

*P: So wisse Schweizer: Gehorchst du nicht, so wird unsere Kavallerie Dir die Daten aus dem Apple schießen. Das Bankgeheimnis ist perdu!*

*T: Aber wir sind nicht per Du! Wir werden wachsam sein, gemeinsam sind auch die Schwachen mächtig.*

*P: Gegen uns sind auch die Wachen schmächtig.*

*T: Wir sind der letzte Hort der Freiheit. Das werdet auch noch Ihr begreifen*

*P: Eure Schwarzgeldburgen werden wir euch schleifen*
*T: Viel Feind, viel Peer. Kommt ihr nur her, wir erneuern unsern Rütlischwur: Wir wollen sein ein einig Volk von Schwarzgeldbrüdern, von keinem Code uns trennen trotz Gefahr! Gegen Überwachungsstaat und Sozialneid-Geizer: Alle Macht dem Schweizer*

## Karl-Theo Superstar

Wir haben auch einen Obama: Karl Theodor Freiherr von und zu Guttenberg. Wie Obama kam er aus dem Nichts. Obama wurde nur gewählt, weil der Vorgänger George so viele unlösbare Probleme hinterlassen hat: Auslandsverschuldung, Armutsschere, Irakkrieg usw., da ham sich die Amis gesagt, die Probleme sind so unlösbar, da ist es eigentlich egal wers macht. Und so wurde das Weiße Haus zu Onkel Obamas Hütte.
Wir Badener hätten gesagt: Der nächste Präsident nach Bush isch sowieso der Neger. Da kanns gleich e Schwarze mache.
Während Obamas Stern sinkt, leuchtet bei uns Karl Theo immer heller. Die Wähler haben von beamteten Politikern, von Sesselpupsern und Berufspolitikern die Nase voll, jetzt solls der Adel richten. Ein steiler Aufstieg, und das obwohl Karl Theo eine ganze lange Latte seiner Vornamen mitschleppen muß.

Da gibt es natürlich Probleme bei Auslandsaufenthalten. Das Protokoll in arabischen Staaten verlangt, dass man sich in den Gesprächen bei Staatsbesuchen immer mit kompletten Namen anspricht. Ich stelle mir ein Gespräch vor, sagen wir mal bei einem Scheich in einem Ölstaat:

*Scheich: Inch Allah, Karl Theodor Maria Nikolaus Johann Jakob Philipp Franz Sylverster Joseph zu Guttenberg*

KT: Grüß Gott, geehrter Hadschi Halef Omar Ben Hadschi Abul Abbas Ibn Hadschi Dawuhd al Gossarah

*Was Du wolle, geehrter Theodor Maria Nikolaus Johann Jakob Philipp Franz Sylverster Joseph zu Guttenberg*

Lieber Hadschi Halef Omar Ben Hadschi Abul Abbas Ibn Hadschi Dawuhd al Gossarah, ich wollte mal mit Ihnen über Öl reden

*Oh, lieber Karl Theodor Maria Nikolaus Johann Jakob Philipp Franz Sylverster Joseph zu Guttenberg, isch will rede über Leopardpanzer*

Da werden wir uns wohl einig, lieber Hadschi Halef Omar Ben Hadschi Abul Abbas Ibn Hadschi Dawuhd al Gossarah, Leo schreibt sich von hinten ja wie Öl

*Oh isch sehe grad, lieber Karl Theodor Maria Nikolaus Johann Jakob Philipp Franz Sylvester Joseph zu Guttenberg, die Zeit ist leider um*
Schade, lieber Hadschi Halef Omar....

## Der neue Struwwel-Peter

Der Amoklauf von Winnenden zeigt Folgen: Endlose Talkshowrunden, Expertenchaos, Was macht unsere Jugend? Fragen über Fragen. Aber die Politik handelt. Frau Schavan hat mit einer pädagogischen Sonderkommission reagiert. Sie hat Eberhard Bueb, unseren Oberdisziplinwart und Hardcore-Pädagoge beauftragt eine Neuausgabe des Struwwelpeter herauszugeben, um unseren gestressten, von burnout-Syndrom bedrohten Lehrern als Pflichtlektüre an die Hand zu geben. Ich habe mir eine solche Neufassung besorgt und will sie Ihnen nicht vorenthalten.

### *Die Geschichte vom bösen Friedrich*

*Der Friederich, der Friederich,*
*das war ein arger Wüterich*
*klaute Handies, klaute Pausenbrot*
*schlug in U-Bahnen die Rentner tot*
*zog Klamotten ab und Markenschuhe*
*fand auch bei Ballerspielen keine Ruhe*
*Schubste Rollis über die Rampen*
*Hielt Mädchen alle nur für Schlampen*

*Wieder mal war ein Gedrängel*
*Er beschimpfte eines Türkenbengel*
*Schwester dreist als blöde Hure,*
*der unterbrach das Beten einer Sure,*
*und schlug den Friedrich kurz und klein*
*was muss der auch so vorlaut sein*

*„Hab isch Migrantenhintergrund*
*Und Riesengroße Pitbullhund*
*Sag ich Hassan fass, statt aus*
*Macht er disch plötzlisch Krankenhaus“*

*Hassan biß sich bös in Friedrichs Wade*
*Schade, schade, schade, schade*
*Das Ganze hat ein böses End´*
*Beide kommen ins Erziehungscamp*
*Das schreckt andre ab – doch, doch!*
*Erzieher ist dort – Roland Koch!*

**Die Geschichte vom Haschischlutscher**

*Konrad, sprach die Frau Mama*
*Ich geh aus und du bleibst da*
*Sei hübsch ordentlich und fromm*
*Bis nach Haus ich wiederkomm*
*Und vor allem, Konrad, hör*
*Rauche nicht vom Haschisch mehr*
*Denn der Dealer mit der Spritz*
*Ist nicht weit und auf Dich spitz*
*Und er kommt geschwind daher*
*Und dann willst du immer mehr*

*Fort geht nun die Mutter, und-*
*Schwupps, die Tüte in den Mund*
*Bautz! – da geht die Türe auf*
*Und Heroin in schnellem Lauf*
*Springt der Dealer in die Stub*
*Zu dem Drogen-Einstiegs-Bub*
*Weh! Jetzt geht es Knopf auf Spitz*
*Und schon hängt er an der Spritz*
*Auch Crack und Mash und Kräuter-Trash*
*Fand der Konrad tierisch fesch*
*Als die Mutter kommt nach Haus*
*Trägt man ihn zum Friedhof raus*

**Der Müsli-Kaspar**

*Der Kaspar, der war kerngesund*
*Ein dicker Bub und kugelrund*
*Er hatte Backen rot und frisch*
*Das Müsli aß er hübsch bei Tisch*
*Doch eines Tags begann er zu schrein:*
*Ich esse nicht das Müsli, nein*
*Ich esse hier mein Müsli nicht*
*Nein, dieses Müsli ess ich nicht*

*Am nächsten Tag – ja sieh nur her*
*Da war er schon viel magerer*
*Doch er fing wieder an zu schrein:*
*Kann es denn nicht ein Big Mac sein?*
*Die gute Mama sagt nein, nein*
*Ballaststoffe müssen in Dich rein*

*Am dritten Tag – oh weh und ach*
*Wie ist der Kasper dünn und schwach*
*Doch als das Müsli kam herein*
*Gleich fing er wieder an zu schrein:*
*Ich ess nun mal kein Müsli, nein*
*Schiebs Dir doch selbst irgendwo rein*
*Ich will McDonalds Labberteig*
*Sonst tret ich in den Hungerstreik*

*Tapfer verweigert Mama die schlaffen*
*US-Massenverfettungswaffen*
*Und am Vierten Tage schon*
*Sah er aus wie in der Sahelzon´*
*Er wog vielleicht ein halbes Lot*
*Und war am fünften Tage tot*

Das Gedicht könnte auch anders enden, wenn die Mama sich hätte überreden lassen und Konrad seinen Willen durchgesetzt hätte:

*Glücklich kaut Konrad das weiße*
*Brot mit der gehackten Sch...schmackhaften Fleischmasse...*

*Zufrieden schmatzt er und schmatzt und schmatzt*
*Am Vierten Tag ist er geplatzt*

**Hans Guck in die Glotz**

*Statt dass der Hans zur Schule ging*
*Stets er vor der Glotze hing*
*Oder vorm Computer*
*Gerne spielen – ja, das tut er*
*Hat er fürs Gerät mal keine Kohle,*
*klaut er sich halt so ne Konsole*

*Mord und Totschlag, Sex, Horror*
*Ja, da saß er gern davor*
*Daß jeder rief: Ei Plitz, ei Plotz*
*Seht den Hans Guck in die Glotz!*

*Einst ging er so am Straßenrand*
*Mit einer Knarre in der Hand*
*Da kam ein Freund – es war nix los*
*Worauf er diesen kurz erschoß*
*Pauz-Perdauz, da liegt der Freund*
*Der Hansi hat ihn ausgeräumt*

*Am Kartenständer in der Klass´*
*Erhängt man Fritz – nur so zum Spaß*
*Und auch das Foltern dieses Mädchens*
*War lang Gespräch des kleinen Städtchens*

*Beim Satansspiel am Gottesacker*
*Exhumierte man nen alten Knacker*
*Kostümierte ihn als Zombie-Freddy*
*Und fand das geil und auch paletti*
*Und selbst das Blutbad war ein Spiel*
*Seine Oma war das nächste Ziel*

*Ja, Gameboy war er ganz und gar*
*Der Unheil spielerisch gebar*

*Da machts mal Spritz, da platsch, da Plotz*
*So war der Hans Guck in die Glotz*
*Wirklichkeit und Virtuality*
*Wahres Leben und Spiel-TV*
*– den Unterschied kapiert der nie!*

## Rauchverbot

Erst Hü, dann Hott. Erst hat die Bundesregierung, die Große Kollaboration, einen Gesetzentwurf verabschiedet, dann ham sie gemerkt, oh, wir ham ja jetzt das neue Föderalismusgesetz eingeführt, wir sind ja gar nicht mehr zuständig! Das ham die erst gemerkt, als der Ausschuß mit dem ganzen Gesetz fertig war. Seither weiß ich auch, warum das immer Ausschuß heißt.
Dann ham die Länder das Rauchverbot eingeführt, dann kams Verfassungsgericht, jetzt müsse sies wieder ändern usw. Was bleiben wird, sind diese gelbe Vierecke auf den Bahnsteigen der Bahn, 2 auf 2 Meter, im Freien, wo Du rauchen darfsch. Der ganze Bahnsteig isch leer, aber da drängen sich dann 15 Hansele und wehe, ein Fuß kommt über die gelbe Linie: 40 Euro Bußgeld.
In Freiburg isch mir neulich was passiert, ich paff selten, aber da lauf ich grad mit einer Fluppe durch die Gässle, da kommt e Oma auf mich zu: „Hallo, Sie, jetzt wo das Rauchverbot gilt, da könnte sie doch au im Freien auf mich Rücksicht nemme“ Ich war e bißle verwirrt und sowieso schlecht drauf. Da hab ich zu ihr gsagt: „Des würd Ihne so passe, Ihnen wär wohl am liebsten ich müßte jetzt so einen Raucherstern tragen wie früher die Juden!?“ – Wißt Ihr was die geantwortet hat: „Ne, des brauche Sie nit, Sie bringe sich ja selber um!“
Am besten gefallen hat mir der Versuch eines Wirtes in der Nähe von Memmingen in Bayern. Da in Bayern Rauchen in Gebäuden nur bei Theaterstücken erlaubt ist, hat er seine Kneipe in Theater umbenannt, die Gäste werden zu Schauspielern erklärt und führen jetzt jeden Abend das Stück auf: „Bayern vor dem Rauchverbot“!
Grandios, 1, wieder setzen!

## Gesundheitsfond

Fond, da muß man schon die Nase rümpfen, wenn man es ausspricht: Fond.
Seit diesem Gesundheitsfond ham wir ja ein komplett neues Gesundheitssystem. Jetzt ist es ja so, dass die Ärzte und Krankenkassen nicht mehr Geld dafür kriegen, dass sie uns auf dem Weg der Gesundung begleiten, sondern je nach dem wie viel Kranke sie haben und nach der Schwere der Krankheit.
Je kränker, desto besser für den Arzt. Daß wir gesund werden, können die sich gar nicht mehr leisten.
Also passt auf, wenn ihr das nächste Mal zum Hausarzt geht. Ich bin da vorsichtig geworden. Da kanns dir passieren, Du hasch Dich in den Finger geschnitten, der Dokter macht Jod und ein Pflaster drauf, im Diagnosebericht steht aber: „Armamputation mit antiseptischem Wundverband, damit der Phantomschmerz nicht juckt".
Das System ist absurd. Wir bezahlen Krankenkassenbeiträge. Diese Beiträge muß jede Kasse komplett an den Gesundheitsfond abführen und dann kriegen sie je nach Krankenzahl und Art der Krankheiten wieder was zurück. Das wird berechnet nach de sogenannten „morbiditätsorienteirten Risikostrukturausgleich" Nochmal für alle: morbiditätsorienteirter Risikostrukturausgleich. D.h.: Der Arzt muß Deine Krankheit richtig codieren, er muß sie in ein Schema pressen. Offiziell gibt es nämlich nur noch 80 Krankheiten und da muß halt Deine reinpassen. Wenn sie nicht reinpasst, kriegt er nix, der Doktor. Aber er macht Deine Krankheit schon passend. Das nennt man „rigth-coding" Wenn er das richtige reinschreibt, dann kriegt er mehr von der Kasse und die Kasse mehr vom Gesundheitsfond. Konkreter Fall: Wenn Du z.B. Sodbrennen hasch, der Arzt sagt, Du hasch Sodbrennen und er schreibt Sodbrennen in die Krankenakte, dann gibt's nix. Weils Sodbrennen nicht gibt in der Liste. Wenn er aber schreibt „Entzündung der Speiseröhre" gibt's ordentlich Schotter.
Um in diesem System etwas zu verdienen, muß der Arzt Dich kränker machen als Du bist. Right-Coding. Man kann Deine Krankheit auch „up-coden". – Hört sich jetzt etwas....ja, scheiße an, aber so heißt das. Beim „up-coden" kanns Dir passieren Du gehsch mit einem harmlosen Eiterpickel zur Praxistür rein und kommsch mit einen „dickflüssigen Beulenpestkarzinom" raus.

Eigentlich müsst der Gesundheitsfond Krankheitsfond heißen.

Aber machen wir uns nix vor. Die meisten Kosten verursachen immer noch die Alten, die die Wartezimmer mit ihren Zipperlein verstopfen. Wenn man da mal aus dem alten Indien lernen würde. Früher da wurden die Alten in Indien, also alle die das 75. Lebensjahr erreicht hatten, auf einen Baum überm Ganges gesetzt, und solange sie sich da oben halten konnten, haben sie jeden Tag eine Schale Reis hochgereicht gekriegt. Wenn nicht, ja, dann war der Fall erledigt.
Warum das nicht übernehmen? Sagen wir mal an Mosel, Rhein, Elbe, Neckar so Alleen von Lebensbäumen anpflanzen, schön gestaltete altengerechte Human-Entsorgungsparks anlegen, mit Fischteichen, Blumenrondells und Musikpavillons, wo alle halbe Jahr der Andre Rieu vorbeikommt und sich einen runterfidelt, jede Familie kriegt einen Stammbaum, und wenn der Opa 75 wird, heißt es: Ab auf dem Baum.
In den ersten Jahren freiwillig, und wenn man das alles mit einem Renteneintritt von 70 kombiniert, sagt man zu Opa: Paß auf, Opa, Du kriegsch jetzt Deine Rente, wenn Du Dich aber jetzt schon mit 70 verpflichtesch, mit 75 dann auf den Baum zu wechseln, dann kriegsch Du zusätzlich zu Deiner Rente noch eine Humanabwrackprämie und kannsch die 5 Jahre noch mal in Saus und Braus leben.

## Abwrackprämie

Abwracken ist die Rettung für alles. Kaufst Du schon oder wrackst Du noch? Abwrackprämie – ein absurder Beschluß. Da standen Männer vor den Autohäusern Schlange wie damals die Ossies, wenns mal Bananen gab.
Da werden funktionierende Autos aus dem Verkehr gezogen, die neueren mögen schadstoffärmer sein, ham für die ihre Produktion aber wesentlich mehr CO2 produziert, wie Du mit deiner alten Dreckschleuder überhaupt noch ausstoßen könntest. So lang würd deine Kiste gar nicht mehr halten.
Wie wärs mit einer Subvention für die notleidenden Zahnärzte? Eine Abwrackprämie für Plomben, die älter als 9 Jahre sind. Egal, ob sie noch halten – raus damit.
Oder mit einer Abwrackprämie für alte Kühlschränke? Meiner ist viel

zu laut und verbraucht viel zuviel Weißwein, da kann ich noch so viel reinlegen, am nächsten Tag ist der weg.
Kann man auch Minister abwracken nach 9 Jahr? – Ist z.B. Frau Schmidt, unsere Gesundheitsabwrackerin, nicht schon im zehnten Jahr? Oder schrottreife Politiker überhaupt: Die Hackfresse von Guido ertrage ich doch auch schon über 9 Jahre. Und wie funktioniert das bei Politikern mit dem Neukauf? Da müsste man vielleicht mal unsere Pharmalobby fragen

Könnte man Schießer, Märklin und Rosenthal nicht retten mit Abwrackprämien für Omas Porzellan, Vatis Eisenbahn und die attraktiven Feinrippteile mit Eingriff? Gut, die meisten tragen die keine 9 Jahre, schon gar nicht am Stück. Das würde man riechen.
Jetzt hilft nur noch ein Gesetz, das die Abwrackprämien wieder abwrackt.

## Shop around the clock

Man kann über die große Koalition ja viel sagen, aber ein Gesetz muß mal entsprechend gewürdigt werden. Das Ladenschlussgesetz. Endlich einkaufen rund um die Uhr!

A one, two, three o'clock, four o'clock shop
Five, six, seven o'clock, eight o'clock shop
Nine, ten, eleven o'clock, twelve o'clock shop
We´re gonna shop around the clock tonight

Zieh Dein Nachthemd aus und schwing dein Bein
Im Mondlicht werden alles Schnäppchen sein
We´re gonna shop around the clock tonigth
We´re gonna shop shop shop bis in die Morgenzeit
We´re gonna shop, gonna shop, gonna shop around tonight

Während andre wie die Karnickel rammel
Ab in die city – happy digits sammeln
We´re gonna shop around the clock tonigth
Wir shoppen statt poppen zur geilsten Zeit
We´re gonna shop, gonna shop, gonna shop around tonight!

## Winnetou 2010

Meine roten Brüder vom Stamme der Sozialdemokraten, auch dieses Jahr will Winnetou euch wieder aus der Apache helfen.
Winnetou ist erst einmal froh, dass ihr im letzten Septembermond bei der Wahl zum Großen Powhow, das ihr Bundestag nennt, mit Eurem Leitschimmel Weiißer Skalp Steinmeier, Eurem lahmenden Gaul Old Münte, Eurer Medizinschamanin Sprechende Nase Ulla und anderen Stuten und Mauleseln die 5%-Hürde locker übersprungen habt.
Aber dunkle Wolken ziehen über Euer Reservat, Blitz und Donner werden über Euren Wigwams niedergehen, gewaltige Stürme des Umbruchs zerren an Euren Tipis, was in nächster Zeit auf Euch zukommt ist mehr als nur eine kleine Pierre Brise.

Euer neuer Häuptling Vor-Sitting-Bull Gabriel und das linke Halbblut Andrea Nahles, eine rheinische Haflingerstute, die sich selbst für ein wildes edles Rennpferd hält, diese beiden Rothäute, die ihr in den Sattel gehievt habt, werden nun dafür sorgen müssen, dass sich Euer Stamm nicht in alle Winde zerstreut wie eine Horde Mustangs bei einem Präriebrand.

Während Ihr euch nun in der Opposition erholen und neu aufstellen könnt, regiert die Große weiße Squaw Angela vom Stamme der Ossies weiter, nicht mehr mit Euch in einer großen Kopulation, nein, sie reitet seit einem halben Jahr auf einer Westerwelle. Streit und Zank sind ihre Wegbegleiter. Aber noch hat das Volk draußen in den Savannen die schwarz-gelben Streithähne nicht genügend an den Marterpfahl der Umfrageergebnisse gefesselt.

Meine roten Brüder, so wie man uns Mescalero-Apachen damals die Nuggets vom Heiligen Berg gestohlen hat, so haben euch die Banditen der Schwarzfußindianer die Themen geklaut. Der nordrheinwestfälische Häuptling „Gespaltene Nuschel-Zunge Rüttgers" spielt sich auf als neuer sozialer Mannitou, in dem er die Felle neu verteilen will, genau wie der bajuwarische Häuptling Seeadler, der in München in seinem eigenen Horst sitzt, während ihr da steht, als hättet ihr alleine die Fallensteller der Banken und Goldgräber ins Land geholt. Euer alter Häuptling Schröder, ein Mann, den sie Gerd nannten, war im

Unterschied zum alten weißen Vater in Washington, G.W. Bush, zwar eine rauchende Friedenspfeife, aber der kleine Mann draußen in den deutschen Prärien sieht in Schröder auch einen Kachelmann der sozialen Kälte.
Winnetou rät Euch: Schickt Frankensteinmeier und alle anderen alten Agendianer in die ewigen Jagdgründe und umgebt Euren neuen Häuptling Sitting Bull Gabriel mit tapferen Kriegern wie dem Brandenburger Matthias Platzhirsch, der im Fort Potsdam sein Regierungstipi verteidigt hat und dort nun mit militanten Stasi-Tanten regiert. Hört auf die junge machtläufige Jungstute Franziska Drohlsel und den alten Partylöwen Klaus Wowi Wowereit, der am großen Fluss der Spree am anderen Ufer wohnt.
Fordert von den regierenden Little-Big-Horn-Ochsen der Schwarzfußindianer, dass sie die deutschen Krieger aus dem Tal des Todes am Hindukusch nach Hause holen und hört damit auch auf den Rat Eures alten Ältestenrats Helmut Schmidt und achtet auf seine Rauchzeichen.

Spitzt Eure Pfeile, schärft Eure Tomahawks der Argumente und kämpft gemeinsam mit den Rothäuten des Pygmäen Gregor Gysi, aber auch mit den Greenhörnern um die tapfere kühne Squaw Künast, gegen die räudigen Kojoten der Schwarzfüße und ihrer Watschelente Merkel an der Spitze, die sich mit den scharfkralligen gelben Pumas zu einer Tiger-Enten-Regierung zusammengetan haben.
Meine roten Brüder, malt Euch rot-rot-grüne Kriegsfarben ins Gesicht, holt eure Silberbüchsen und Bärentöter aus dem Schrank und sorgt schon im Mai in NRW dafür, dass diese Tiger enden. Howgh!

## Koalitionen und Optionen

Wir werden in Zukunft ein 5 Parteien-System haben, aufgeteilt in zwei Blöcke: CDU/CSU und FDP auf der einen Seite als bürgerlicher Block und auf der anderen Seite ein linker Block: SPD, die Linke und die Grünen. Alles andere ist doch Blödsinn.

Die Koalition in Hamburg CDU und die Grünen, eine Mißgeburt. Als Hanseate sollte man doch wissen, entweder trinkt man Schwarztee oder Grüntee, aber doch keine Mischung. Was kann man bei schwarz-

grün wirklich erwarten? Was soll das inhaltlich? Was soll da mehr rauskommen als 3 bis 4 Frauenparkplätze vor der Industrie- und Handelskammer? Oder will Schwarz-Grün die Kernkraftwerke dann mit Windenergie betreiben?
Oder im Bund eine schwarze Ampel, die Schwampel, auch Jamaika-Koalition genannt. Will da die Merkel die Regierungserklärung dann als Reggae vorsingen und der Westerwelle zieht sich grinsend mit der Claudia Roth eine Eurotüte rein?
Egal welche Ampel, wie soll das mit grün und gelb gut gehen? Atomkraft ja, aber nur wenn für die Castorbehälter Pfand erhoben wird? Sollen dann die Kröten bis zur Hälfte über die Straße getragen werden und für die Reststrecke müssen sie sich dann privat versichern?

## Neger in Teneriffa

Es gibt Sportarten, die kommen vollkommen ohne Doping aus. Man möchts heutzutage fast nicht glauben. Auf Teneriffa gibt's z.B. einen neuen Breitensport, eine vollkommen neue Form des Sporttourismus. Und zwar reisen diese Sportler da nicht mit offiziellen Flugtickets oder Schiffstckets hin. Das heißt? – Die kommen schwarz da hin. Immer mehr Schwarzfahrer erreichen Teneriffa. Oder wie es der spanische Tourismusminister Eduardo Arribe ausgedrückt hat: „Jetzt kommen nicht mehr die Neckermänner. Jetzt kommen die Negermänner!"
Wie kommts, wie hängts zusammen, wer ist schuld?

Ich kann euch das sagen. Das ist letztlich ein rein sportliches Problem. Nimm mal den Marathonlauf, z.B. Berlin-Marathon Wer gewinnt da immer? – Afrikaner. Warum? Weil die das Laufen gewohnt sind. Und warum sind sies gewohnt? Weil sie von klein an laufen müssen: Zur weit entfernten Missionars-Schule, zur Wasserstelle, dann ganz schnell zur zweiten, weil die erste mit europäischem Giftmüll verseucht ist, dann von der Zweiten blitzschnell weiterspurten, um nicht als Löwenfutter zu enden.
Nicht umsonst heißt der Lebenslauf Lebenslauf, und der Lebenslauf eines Schwarzen ist oft ein Survival-Triathlon: Durch die Wüste trecken, durchs Mittelmeer schwimmen, der Polizei davonrennen.
Wobei sie inzwischen meistens nicht mehr übers Mittelmeer kommen, sondern in Teneriffa ausgebootet werden, wenn sie nicht schon

vorher –dem Löwen grad noch knapp entwischt – als Fischfutter enden.
Wie kommts? Wie hängts zusammen? Wer ist schuld?

Fangen wir bei uns an der Heimatfront an. Europa braucht Fachkräfte. In vielen Branchen. Und zwar sowohl Spitzenfachkräfte als auch Billigarbeiter. Und weil wir nicht genug Spitzenfachkräfte ausgebildet hat, braucht man Ausländer. Jetzt will man aber nicht alle Ausländer reinlassen, also fragt man sich:
Wie machen wirs? Wie geht's? Wer darf rein?
Da kamen ein paar ganz Gescheite auf die Idee: Wir lassen nur Ausländer rein, die mindestens 85.000 Euro verdienen: ein indischer Computerexperte, ein Biochemiker aus dem Niger oder halt der Ze Roberto vom HSV.
Auf der anderen Seite, bei den Billigjobs, kannsch Du ja nicht jedem Kloputzer, Spargelstecher und Erdbeerpflücker 85.000 Euro bezahlen. Das kriegen ja schon die anderen drei.
Aber natürlich sagt sich der unausgebildete Spargelputzer, Erdbeerstecher und Klopflücker in Afrika, weil er's im Internet gelesen hat: Was? Da kann man 85.000 Euro verdienen – da geh ich hin.
Kommt er ans Zoll, sagt der Zöllner: Du kommsch nicht rein, Du verdiensch keine 85.000 Euro. Woher willsch denn du das wissen? Das weiß man doch erst, wenn ich es probiert hab und ausprobieren kann ich es ja nur, wenn ich drin bin..

Warum will der Schwarze zu uns?
Wie kommts? Wie hängts zusammen? Wer ist schuld?
Weil er in Afrika nix zu beißen hat
Warum hat er nix zu beißen?
Weil er keine Arbeit hat
Und warum hat er keine Arbeit
Weil er sie verloren hat
Und warum hat er sie verloren?
Nehmen wir mal einen Neger im Niger
Der war Viehbauer, konnte von seiner Rinderzucht aber nicht nicht mehr leben
Warum aber konnte er nicht mehr davon leben?
Wie hängts zusammen? Wer ist schuld? – Jetzt kommts:
Der Staatspräsident hat eine neues Luxus-Privatflugzeug gebraucht.

Warum? Weil er sich gesagt hat: Ich brauch ja auch ein bisschen Spaß bei dem ganzen Elend das ich jeden Tag in meinem Land anschauen muß.

Also hin zum IWF – einen Kredit beantragt.

Der IWF sagt: Du kriegsch den Kredit, wenn du Deine staatlichten Veterinärämter privatisiersch.

„Wieso soll ich die privatisieren, die sind super, die verteilen kostenlos Impfstoffe an unsere Bauern."

Eben, davon haben unsere Pharmakonzerne ja nix. Die lässt Du jetzt schön ins Land und schon kriegsch Du deinen Kredit. – Und schon müssen die Viehbauern im Niger den Impfstoff für ihr Zwergrind beim Pharmariesen kaufen.

Können sie aber nicht, weil zu teuer.

Sagt sich der Bauer. Um den Impfstoff zu kaufen, muß ich erst mal mein Rind verkaufen.

Der kaufende Tuareg fragt: Wo ist der Impfpaß?

Hab ich nicht.

Wieso nicht?

Weil ich die Kuh nicht geimpft hab.

Dann kriegsch auch keine 100 Dollar für Deine blöde Kuh, da hasch 10 Dollar.

Das wiederum ist so wenig, daß der Bauer wieder keinen Imfstoff kaufen kann, geschweige denn eine Kuh und er deshalb ja auch gar keinen Impfstoff braucht, weil er ja auch gar keine Kuh nicht mehr hat!

Also sitzt er rum und hat Hunger.

Das wieder lässt der Präsident jetzt aus seinem neuen Privatflugzeug von CNN filmen, das geht um die Welt, erregt die Gemüter und schon wirft die UNO tonnenweise US-Mais über dem Niger ab.

Das sieht der ortsansässige afrikanische Maisbauer und sagt sich: Da kann ich meine Hacke gleich in den Dschungel schmeißen. Macht er auch, setzt sich neben den andern, schon ham zwei Hunger.

Inzwischen isch der Neffe vom Maisbauer als studierter Biochemiker aus Europa heimgekehrt, weil er sich gesagt hat, ich hab Heimweh, außerdem hab ich ein Jahr lang 85.000 Euro verdient, das langt mir. Kommt heim, – kriegt keinen Job.

Theoretisch könnte er als Biochemiker ja jetzt die Kuh vom Hungerleider Nr. 1 impfen, aber die hat der ja gar nimmer, die hat ja jetzt der Tuareg. Und der Tuareg – der ist schon wieder weg. Beim Pharmariesen gilt auch nix, weil da gilt der Einheimische als Ausländer.

Weil er aber englisch kann, kriegt er einen Job als Fahrer und kutschiert jetzt einen weißen Entwicklungshelfer durch die Gegend. Der verteilt Lebensmittel, die von hochsubventionierten EU-Bauern als Überschuß produziert wurden, macht damit den nächsten afrikanischen Bauern arbeitslos, und schon sitzen sie zu dritt vor der Bambushütte und schieben Kohldampf. Und so weiter.
Der Fischer vor Ort wird arbeitslos, weil ihm Käptn Iglu den Kabeljau vor der Nase wegfischt. Das geht so lang, bis sie genug sind – und schon nehmen sie das Boot vom Fischer und paddeln nach Teneriffa.
Im Grund ist es wie bei den 10 kleinen Negerlein. Nur umgekehrt, weil da werden es ja immer mehr. Auf dem Meer werdens dann wieder weniger.
Warum Teneriffa? Weil in Ceuta der Zaun höher gemacht wurde. Und warum wurde der erhöht?
Wie kommts? Wie hängts zusammen, wer ist schuld?
Weil man den Afrikaner für den Survival-Triathlon trainieren muß. Der europäische Schwarzarbeitgeber weiß genau, wer so eine Überfahrt bis auf die Kanaren überlebt, der ist robust, der arbeitet notfalls bis er schwarz wird. Die kann man gebrauchen. Sei es zum Erdbeerputzen, Spargelpflücken oder Klostechen.

So, jetzt habt ihr mindestens 4 Semester Politologie und Ernährungswissenschaften gespart.

## Nah-Ost-Psycho-Analyse

Israel hat alten neuen Ministerpräsidenten Garnicht-Nettanjahu und seinen reaktionären Außenminister, mein Liebermann! Und die Palästinenser sind ja sowieso gespaltene Persönlichkeiten, mit der Hamas und El Fatah.
Das, was da im nahen Osten passiert, dieser permanente Krieg, der da immer wieder mal aufflackert, dann wieder abfackelt, doch langsam nur noch psychoanalytisch zu kapieren. Und da muß man ganz zurückgehen in die Geschichte.
Zu Noah. Ja, Noah, das war der, der damals trotz Scheißwetter mit allen Tieren einen Bootsausflug gemacht hat. Dieser Noah hatte unter anderem die zwei Söhne Ham und Sem. Die Nachfahren sind die Hamiten, die heutigen Araber und die Semiten, die heutigen Israeli.

In der Psychoanalyse gibt es interessanterweise die „Theorie des Narzismus der kleinen Differenz“ D.h. zwei sind sich sehr ähnlich, stammen in dem Fall vom gleichen Vater, die Unterschiede sind wahnsinnig gering. Um aber genug Selbstbewusstsein zu kriegen, müssen beide die Unterschiede so aufblasen, daß sie gewaltig wirken. Um dann sagen zu können: Ich bin anders, Ich gut, du böse. Der ander sagt natürlich: Du böse, ich gut.

Dann sind natürlich beide – Israelis wie Palästinenser – Traumapatienten. Die einen, die Palästinenser – traumatisiert durch die Knechtung durch das osmanische Reich, dann die Engländer.
Die Israelis – logisch, der Holocaust.
Um mit diesen Traumata fertig zu werden, ham sie jeweils eine andere Pathologie entwickelt.
Bei den Israelis eher eine Art „Identifikation mit dem Aggressor“. Um als Opfer psychisch zu überleben, musch Du zum Täter werden. Um das Trauma zu überwinden. Und mit jedem Anschlag, schlägt diese Therapie mehr an.
Die Palästinenser – sowieso schon gespaltene Persönlichkeiten, gespalten in Hamas und Fatah – flüchten sich dagegen in Verschiebung und Übertragung. Die leben wie die anderen Araber in hierarchisch-patriarchalischen Strukturen. Wenn Du als Psychologe da den Ödipus-Konflikt ansprichsch, also die Rolle des übermächtigen Vaters, aua, da brauchsch Mut. Oder getrau Dich mal zu fragen: „Wollten Sie im Traum schon mal mit ihrer Mutter schlafen?“ Da macht er doch mit Dir den Zinedine Zidane.
Arabische Jugendliche leiden unter Triebstau, die sehen ja praktisch nie eine Frau, die sind ja alle verschleiert, da muß die sexuelle Energie irgendwie anders raus. Entweder über Raketen oder phallische Sprengstoffgürtel. Und was sagt der Analytiker: „Da Hamas!“
Wenn die Psychologen vor Ort dann etwas taugen, kannsch die Energie in Sublimierung umwandeln, dann entsteht ein Gedicht oder ein Lied: „Hisbollah reiste jüngst zu Pfingsten und Haifa war das Ziel/ Man verlor einen Märthyrer ganz plötzlich im Gewühl/Ne volle halbe Stunde hat man sie bombardiert/aber dennoch hat Hisbollah sich köstlich amüsiert.“
Tja, bei Traumapatienten helfen keine Friedensverhandlungen. Die müssen auf die Couch. Aber jetzt find mal eine Couch, die so groß ist, daß zwei ganze Völker draufpassen!

## Habemus Papperlapapam

Papst:
*„Nihilismus und eine Diktatur des Relativismus haben sich breit gemacht. Wir leiden an einer Schwerhörigkeit Gott gegenüber. Wir haben zu viele andere Frequenzen im Ohr!“*
*Ja, heiliger Bimbam: Man kann doch nicht immer mit Radio Vatikan im Ohr rumlaufen, da kriegt man ja einen Katholen-Tinnitus.*

Manchmal hab ich bei seinen Reden den Eindruck, der Bene-tickt nicht ganz richtig.

*„Liebe Jugend der Welt, ich möchte Euch vor dem Gebrauch von Kondomen warnen. Gott, der Herr sagt ja zu jedem Dom, aber nein zu jedem Kondom. Ich verstehe euch nicht. Wenn ihr schon außerhalb der Ehe sündigt, dann macht das wie beim Sündigen bei einer Diät: Wenn man da zu einem verbotenen Schokoriegel greift, dann vernascht man den doch auch nicht mit dem Papier.*

*Und ich möchte, weil ich da oft kritisiert wurde, noch etwas zum Dialog der Religionen sagen: Ich weiß, dass mir mein Amt eine gewisse Zurückhaltung auferlegt, aber wenn ich aber so reden könnte, wie mir mein niederbayrischer Schnabel gewachsen ist, dann würde ich sagen: Der Islamist ist ein gräusliger Pfuiteifi, ein brutaler hinterhältiger Saubatzi, eine geschissene verdreckte Drecksau, a dreckerte, verreckte! – Aber nicht, dass das jetzt wieder jemand missversteht!“*

Der schwingt kein Weihrauch-Fässchen vor sich her, sondern ein Fettnäpfchen, in das er dann halt ab und zu reinstolpert.
Da leugnet doch dieser Piusbruder den Holocaust. Pius – eine Abkürzung für „Plump ist unsere Sekte“. Und trotzdem will der Papst die wieder in die Kirche holen. Stell Dir doch mal vor, was passiere würde, wenn die jüdischen Mitbürger jetzt umgekehrt die Kreuzigung Christi leugnen würden. Da würd selbst der Zollitsch im Viereck springe! – Wenn sie z.B. sage würde, Jesus isch nicht am Kreuz gestorben, sondern bei einer Hardcore-Akupunktur. Da waren nicht die Römer schuld, sondern irgendein durchgeknallter bekiffter Wunderheiler

Aber Katholizismus kann auch Spaß machen! Habt ihr mitgekriegt, dass der Vatikan, neulich in Norditalien eine Viagra-Firma aufgekauft hat? Kein Witz. Theologisch hat das wahrscheinlich irgendetwas mit der Auferstehung zu tun.
Oder wenn ich die Reden von den deutschen Kardinälen lesen und einlagern muß. Kardinal Meißner oder Bischof Mixa! Ne, imme wenn ich einen von diesen Zöli-Batmen hör, muß ich an einen alten Sponti-Spruch denken: „Hätt Maria abgetrieben, wär uns das erspart geblieben".

## Tibetanischer Eintopf

Ein altes chinesisches Sprichwort sagt z.B. Den Charakter eines Volkes erkennt man, wenn man in seine Kochtöpfe schaut.
Ich hab mir deshalb von den ganze Kochshows im Fernsehen mal ein Spezialrezept schicken lassen und auf Mikrofilm gezogen.

*Chinesischer Koch:*
*„Ich pläsentiele Ihnen heute eine Spezialität del chinesischen Küche: Einen tibetanischen Eintopf.*
*Für dieses Fleischgelicht fangen odel jagen wir elst ein Lama, am besten ein besondeles Lama: Ein Da-Lai. Dem ziehen wil dann das Fell übel Kopf und schlagen das zähe Fleisch bis es schön zalt und geschmeidig wild. Dann geben wil das Ganze zum Schmolen in eine Polizeikessel, heizen gut ein, immel oldentlich Feuel untelm Alsch, machen Deckel dlauf und halten Ofentül geschlossen, damit Weltöffentlichkeit nicht immel in Topf gucken.*
*Danach gut wülzen mit schalfe Gewülze, oldentlich Pfeffel aus Plopagandamühle, mit Lolbeel galnielen und selvielen.*
*Melken Sie sich immel eines: Chinesisch Spezialitäten untelscheiden sich sehl stalk von eulopäischen, z.B. gliechischen. In Gliechenland machen Chefköche Moussaka, in China Massaka! Guten Appetit!"*

## Werbung

Neulich treff ich einen alten Klassenkameraden vom Gymnasium, den Reinacher Karlheinz, – fast 40 Jahr hab ich ihn nimmer gsehn – im Bären, meine Stammkneipe seit ich wieder da unten bin, komm ich grad vom Klo. Wer kommt mir entgegen – der Reinacher Karlheinz:

„Volkmar, he, Du alter Prachtsbrunzer! Bisch au e fette Sau gworde, hä? Hasch Deinem kleinen Mann wieder mal die große Welt gezeigt. Nix für ungut, mach ja nur Spaß. Aber weisch, Volkmar, für meine „Weltanschauung“ gönn ich mir inzwischen einem Flachbildschirm. Du, diese neuen Geräte, die sind ja wie das Programmangebot selber: Immer breiter und immer flacher, gell. Aber weisch, ich schau mir fast alles an. Ich zapp mal hier hin, zapp dahin. Bin praktisch der Homo Zappiens. Volkmar, laß mich erstmal schiffen, Du bisch ja noch e bißle da, oder?
Weisch, deshalb hab ich ja auch die Spielfilme immer gern auf den Privatkanäle angschaut, wegen dene praktische Werbepausen. Da konntsch zwischendrin auch mal ein Bier holen oder schiffen gehen. Aber weisch, des mit der Werbung. Es wird ja zusehends schlimmer, inzwischen musch ja froh sein, daß sie überhaupt noch irgendwelche Spielfilmschnipsel zwischen den Werbeblöcke senden.
Oder die Obergscheitle bei den öffentlich-rechtliche machen die Werbung halt in den Filmen, produkt-placement, weisch. Du, Volkmar, neulich guck ich einen Tatort, da zückt der Mörder in einer Tchibojacke und einem Adidas-Mützle ein Messer von WMF, drückt dem Opfer den Kopf in einen Mummsektkübel voller Hasseröder Pils, und weil's dann immer noch zappelt hat, des Opfer, hat er ihm noch eins mit einer Hutschenreuther-Vase über den Schädel gezogen und anschließend an einer Zapfsäule von Shell aufgehängt.
Volkmar, mal ehrlich: Ich wart nur drauf, daß sie demnächst den Film „Lawrence von Arabien“ neuverfilmen, aber nicht in der Wüste, sondern unter Wasser, bloß weil die Fischkette Nordsee ein paar Fischstäble vorbeipaddeln lassen will!
Langsam macht Fernsehn doch kein Spaß mehr. Des kannsch denen ruhig mal sagen. Wie soll das denn weitergehn? Egal, wo ich hinzapp, ich werd bombardiert mit Werbung. Da krieg ich langsam Pixel davon. Volkmar, ich sehs kommen: Wenn in Pakistan wieder mal die Erde

bebt, öffnet sich noch während den Nachrichten automatisch ein Werbefenster für ein Parkinson-Medikament von Novartis: „Unsere Pillen stoppen auch dieses Zittern!“
Und bald kannsch wahrscheinlich vom Radiowecker per USB-Stick ein Foltervideo auf Deine Mikrowelle oder eine Flammenrede vom Osama Bin Laden als Klingelton auf dein Handy laden „Allah ma lache“ und wenn du das handy abnimmsch, scheißt dich der Führer persönlich zusammen „Als treuer Deutscher gehst Du jetzt sofort zu Mediamarkt und kaufst Dir den neuen Volksempfänger mit HD Ready und Plasmabildschirm! Du bist doch nicht blöd“
Sollen sie in Zukunft doch nur noch Werbung machen, z.B. für Fernsehfilme, die sie dann gar nimmer zeigen, die Du Dir dann aber übers Netz als 3-D-Version auf die Waschmaschine runterhole und auf deinem Heimtrainer abspiele kannsch. So. Ich geh jetzt schiffe!

# III. VER- UND ZERSTREUTES

## Das Wort zum Freitag

Liebe Mitbürger, wie oft spricht man vom Sonntag, und dann regnets doch! Ich möchte Ihnen eine kleine Geschichte erzählen. Neulich, es war an einem Mondtag, aber er selber war nicht mehr zu sehn, die Sonne schien. Ich spazierte gerade an einem Bach entlang und hing meinen Gedanken nach. Da fiel mir auf, dass der morgige Tag Dienstag heißen würde, obwohl viele auch da noch frei haben würden, weil sie ja arbeitslos sind. Und da plötzlich wurde mir klar, dass der Herr den Donnerstag vielleicht nur deshalb Donnerstag genannt hat, weil ihm wie ein Blitz ins göttliche Hirn schoß, dass er ab und zu grollen sollte. Wie oft haben wir aber erlebt, liebe Brüder und Schwestern, dass selbst an einem Donnerstag es mitnichten gedonnert hat, sondern die Sonne die Wolken verdrängte und der Donnerstag so zum Sonntag wurde, so wie auch mein morgiger Dienstag wohl zum Freitag wird. Warum nannte er den verfehlten Donnerstag nicht Grolltag? Ich weiß es nicht. Und doch dünkt mir, dass mancher Freitag oft voller Arbeit ist und mancher Mittwoch für viele Mitmenschen ganz ohne Groll kein Mittwoch ist, gerade für Frisöre, die doch den Montag zum Freitag gemacht haben und damit zu ihrem Sonntag und so eigentlich der Donnerstag zum Mittwoch würde, wenn man noch alle 7 Sachen zusammen hat, aber warum hat der Herr den Samstag geschaffen, kurz bevor er am Sonntag ruhte, und, warum hat er ihn so genannt? Wer ist dieser Sams? Ist es der Anfang von Samson und Delilah, das Ende von Ein-Sam oder gar die Mitte von Sesamsemmel?
Oder ist es gar eine Abkürzung. Sams wie „Seid am Mittwoch sittsam“ oder „Sex am Morgen schadet“. Wir wissen es nicht.
Aber ich möchte Euch nicht ohne Zuversicht in die Verwirrung entlassen. Seid getröstet, alle, ob Opti, Pessi oder nur Mist: Mond- und Sonntage solltet ihr Dienst tun frei von Donner sams Familie und immer auf Wein achten, ob Ostern oder Western, wartet auf Pfingsten bis zum Gericht, ja, dem jüngsten. Eingeblendet seht ihr meinen Namen, in Ewigkeit Amen!

## Winnetou 2005

Meine roten Brüder vom Stamme der Sozialdemokraten, vor vielen Monden hat man auch meinen Stamm versucht in die ewigen Jagdgründe zu schicken.
Auch ihr werdet in den nächsten Wochen eure Regierungszelte am großen Fluß der Spree abbrechen müssen. Die weiße Squaw Angela vom Stamme der Ossies, der bajuwarische Häuptling Edmund, der Listige und der Alte Ehrenhäuptling „Rollender Wolfgang“ haben die Macht an sich gerissen.

Rote Brüder, unter der Führung Eures Großen Häuptlings Münte, dem Schrecken aller Heuschrecken, und dem „Mann, den sie Gerd nannten“, könnt ihr morgen weniger Krieger als zuvor in das große Wigwam des Pow Wow, das ihr Bundestag nennt, entsenden.
Einige verräterische Rothäute, Abtrünnige aus euren eigenen Reihen, wie Oskar, der frühere Häuptling Großer Wasserstrahl, haben gemeinsame Sache mit den Kommantschen, den alten Trappern des Marxismus Senilismus gemacht und sind euch in den Rücken gefallen.
Auch eure Freunde, die Grünhörner, haben sich in den Politikfeldern der Prärie verirrt. Selbst der große Läufer Joschka dreht sich nur noch um sich selbst und mästet seine Wampe mit dem Bärenfleisch der Selbstgerechtigkeit.
Und so werdet ihr, meine roten Brüder, eure Lanzen und Ehrenabzeichen der Ältesten aller Germanen abgeben müssen.

Aber, meine roten Brüder, in den Schwitzhütten der Opposition werdet ihr euch erholen und neue Kraft schöpfen. Wenn demnächst die Schwarzfußindianer zusammen mit dem weißen Vater in Washington das Tomahawk gegen Irakesen und andere Völker der Mohammedaner ausgraben, wenn die Squaw Angela das Feuer der gespaltenen Atome wieder entzündet und das angereicherte Feuerwasser in Eure Flüsse leitet, wenn ihre halbstarken jungen Wilden, sei es Rolli, die Lippe vom Stamme der Hessen, der Nugget-Zähler und Bierdeckelschamane Friedrich, den sie nach dem dritten Mond benennen oder sei es der junge Häuptling „heulender Wulff“ auf seinem Gaul Niedersachen, wenn diese mentalen Plattfußindianer die gefräßigen Heuschrecken füttern werden statt sie zu bekämpfen, wenn sie die

Bären und Bullen in den großen Käfigen der Börse streicheln und freidenkende Stadtindianer an den Marterpfahl der Verleumdung fesseln, wenn sie versuchen werden die Kundschafter der Medien mit gespaltenen Zungen zu belügen und sich von den Fallenstellern der großen Konzerne bestechen lassen, dann wird Euer Volk in den Saloons, in den Savannen und Prärien eures Landes aufstehen und wieder nach euch rufen. Glaubt mir: Winnetou hat es in den Eingeweiden der Eingeweihten gelesen.
Solange zieht euch zu Beratungen in eure Wigwams und Tipis zurück, spitzt eure Pfeile, putzt euer Gefieder und erzieht neue Medizinmänner, Häuptlinge und Häuptlinginnen. Die Zeit wird kommen, auch wenn viele Monde vergehen werden. Meine roten Brüder: Für Euren Wiederaufbau braucht ihr Geduld und Money too! Howh, Winnetou hat gesprochen!

## Paranoia 2005

Wählen? – Eine Regierung, einen Bundestag? Wieso wollt ihr die wähle?
Entscheidungen fallen sowieso irgendwo andersch.
Ihr habt ja keine Ahnung. Wir sind doch längst in der Hand von einer neoliberale jüdisch-kapitalistische Weltverschwörung. Die Entscheidungen fallen in Geheimlogen, wenn sich die ganze Verbrecherbande trifft in ihrem Versteck in Davos! Man kennt ja die ganze Pappenheimer: Der Bill Gates, der Scharon, der Berlusconi und de Schrauben-Würth aus Künzelsau!
Ja, musch halt mal recherchiere bei Google!
Wie früher die Pirate in ihre Höhle treffe die sich einmal im Jahr in de Schweiz und übers Jahr schicke sie ihre Agente los. Warum glaubsch Du, dass der Ostblock zusammegebroche isch? Häh? Der Gorbatschov war ein Agent, der dafür gsorgt hat, dass es den Kommunismus zerbröselt hat.
Und der Kim Jong Ill, oder wie der heißt in Korea und der neue Mullah im Iran, des sin doch Mossadagente. Die provoziere so lang mit ihre Atomspielereie, bis die Amis den Iran und Korea für den Weltmarkt sturmreif schieße!
Al Quaida isch doch eine Erfindung vom Pentagon. Damit die Leut Angst kriege und alles glaube, was man ihnen erzählt.

Oder glaubsch Du immer noch, dass der Hurrikan Katrina eine Naturkatastrophe isch?
Isch doch kein Wunder, dass die Hurrikans immer stärker werde, wenn in ganz Europa immer mehr Windräder aufgstellt werde. Schau doch mal hin, die blase doch nicht umsonst alle Richtung Westen!
So könne sie de Ölpreis nach oben treibe, wenn sie die Ölplattforme im Golf von Mexiko wegblase. Und bei New Orleans hat die Baumafia extra nachts die Dämme gesprengt, damit sie was zum Aufbauen ham. Die globale Wirtschaftsmafia hat uns doch im Griff.
Und der Wolfowitz, den ham sie jetzt als Chef in die Weltbank gsetzt, den alte scharfe Hund vom Bush. Und warum glaubsch Du, dass sie den Pfahls jetzt freiglasse ham? Weil einer im Hintergrund seine schützende Hand über ihn hält. – Der Franz Josef Strauß – der lebt! Der isch doch der amtierende Chef von de ganze Weltverschwörung. Der dirigiert doch alles aus seinem unterirdische Führerbunker in München. Deshalb konnt seine Gruft ja nicht gepfändet werde.
Warum glaubsch Du z.B. dass der Muktadar al Sadr in Nadschaf im Irak dem Strauß so ähnlich sieht? Hä? – ein unehelicher Sohn vom Strauß. Der hat sein Same überall verstreut: Vom Starnberger See über Paris bis Alaska. Und warum, weil er genau gwußt hat, dass seine andere Kinder nix taugen! Der Max zu blöd, um Schwarzkonten in der Schweiz zu verstecken, und die Monika, die nicht umsonst Hohlmeyer heißt, hat Stimme für die CSU gekauft. De Vater war halt ein Kerle. Der hat schon immer ganze Regierungen gekauft.

Und jetz isch er der Chef von der jüdisch-kapitalistische Weltverschwörung. Und immer wenn irgendwo an einer Schraube gedreht werde muß, ruft er seinen Spezi in Künzelsau an, den Schrauben-Würth! Und der Bill Gates und der Berlusconi lügen mit ihre Monopolmedien uns die schöne heile Welt zurecht.
So geht's zu. Aber von Weltpolitik keine Ahnung. Dann wählt halt eure Hansele in den Bundestag. Und die Gewinner glaube dann, sie seien an der Macht. Dabei sind sie bloß an der Regierung!

## Beraterfirmen

Man hat den Eindruck, ohne Berater geht gar nix mehr. Hunzinger, McKinsey, Kienbaum und Partner und wie sie alle heißen. Können die

Politiker nix mehr alleine? Jedes politische und ökonomische Projekt wird erst mal durch Berater gecheckt und die Verantwortungsträger dann gecoacht oder gebrieft, manchmal sogar ge-emailt und ge-earbasht, also übers Ohr gehauen, aber auf „non-feeling-art", also so, dass es keiner merkt.
Ich will Ihnen mal was erzählen, was kaum bekannt ist, weil's natürlich nicht an die große Glocke gehängt wurde, weil's einfach zu peinlich ist. Aber es ist durchaus eine Parabel für diesen ganzen Beraterboom.
Da gabs jetzt ein paar Jahre lang immer im August auf dem Neckar ein Wettrudern zwischen einer Stadtauswahl von Mannheim und der Partnerstadt Toulon.
Beide haben dann auch lang trainiert, waren beim 1. Start topfit. Die Ruderer aus Toulon haben haushoch gewonnen, 1 Kilometer Vorsprung! Wie denn das? Hey, wir Mannheimer sind doch die Ruderstadt!
Da hat der OB eine Projektgruppe von McKinsey eingesetzt um den Grund für die Niederlage zu finden und Maßnahmen vorzuschlagen. McKinsey kam zum Ergebnis:
„Unsere Untersuchung hat ergeben: Die Boote aus Toulon wurden von 8 Leuten gerudert und einer hat gesteuert, bei dem Mannheimer Boot hat einer gerudert und 8 gesteuert. Soweit unserer Analyse, macht 300.000 Euro"

Da hat der OB eine weitere Beraterfirma eingestellt, um eine Studie über die Struktur des Mannheimer Teams anzufertigen. Für einige Millionen Euro Honorar kamen die auf das Ergebnis:
„Es wird zuviel gesteuert und zu wenig gerudert"

Um beim nächsten Mal nicht wieder haushoch zu verlieren, wurd dann auf Empfehlung einer weiteren Beraterfirma die Teamstruktur geändert:
„Probieren Sie´s mal mit einem Ruderer, vier Steuermänner, drei Obersteuermänner und einem Steuerdirektor. Der Aufgabenbereich des Ruderers muß allerdings erweitert werden, er muß mehr Verantwortung übertragen bekommen. Zudem sollte man für ihn ein leistungsbezogenes Honorar einführen, um ihm mehr Ansporn zu geben"
Das nächste Rennen ham die Sportler aus Toulon mit 2 Kilometer Vorsprung gewonnen.

Daraufhin hat der OB den Ruderer und die vier Steuerleute entlassen wegen schlechter Leistung, das Boot wurde verkauft und alle Investitionen für ein neues besseres Boot gestoppt. Das gesparte Geld hat dann gereicht, um die drei Obersteuerleute zu befördern und den Steuerdirektor mit einer Abfindung in den Ruhestand zu versetzen. Das Restgeld hat man in die SAP-Arena gesteckt.

## Feng Shui

*(Eso-Frau oder ein Wollpulli-Typ)*

Die ganze Welt – ei Unordnung! Wenn de da aufräume willsch, da wirsch ja nit fertig. Ei, s allerbescht wär, Du fängsch bei Dir selber mol an. Eifach mal entrümple. Seelisch mein ich jetzt. Beginnsch mal bei Deiner Wohnung. Wenn des Feng Shui in deiner Wohnung wieder fließen kann, dann geht's dir au sonscht auf der Welt wieder besser.
Weisch, ich les inzwische die Energie mit den Händen. Elektromagentische Abdrücke in Wänden und Möbeln. Ich fühl da einfach mal so entlang. Wenn Gerümpel da ist, kriege ich sofort ein unangenehmes, klebriges Gefühl, wie durch Spinnweben. Auch unverkennbarer muffiger Geruch. Selbst in der Aura einer Person, die vom Geruch des Krempels durchdrungen ist. Ich spür des sofort! Da vorne z.B. ballt sich's. Während da auf der Seite geht's. Vielleicht sollte man in der Pause euch e bissel umsetze, damit des Feng Shui hier besser duchsause kann.
Hasch Du zum Beispiel gwußt, dass man Reichtum anziehen kann, wenn man in der Wohlstandsecke einen Spiegel aufhängt? Ohne Scheiß jetz!
Also paß auf: Du musch erscht mal e Space Clearing mache. Des isch die Kunst des Reinigens und des Weihens von Energie.
Es isch ja wissenschaftlich bewiesen: Verfestigte Energie hat 3 Ursachen: Physischer Schmutz, Dreck halt, dann die Energie ehemaliger Bewohner un drittens ebbe dei ganzes Gerümpel
Niedrige, negative Energie lagert sich in Fett, Schmutz ab. Wenn ehemalige Bewohner echt scheiße drauf ware, dann isch die Wahrscheinlichkeit ziemlich hoch, dass Du in dere Wohnung unglücklich wirsch. Da musch echt schrubbe. Wer äußerlich aufräumt, räumt auch innerlich auf. Wer Krempel rauswirft ist seltener erkältet
Weisch, so Krempelfreaks leiden oft unter Verstopfung, bewegen sich

zu wenig und haben kein Leben in ihren Augen. Des seh ich sofort. Du z.B. könntsch auch wieder mal joggen oder skifahren gehn. Aber fang erscht ruhig mal bei deiner Wohnung an

Paß auf, ich erklär Dir mal wie du dein Zimmer space-cleare dusch. Ganz wichtig: Machs nur, wenn Du körperlich fit, emotional ausgeglichen und geistig voll konzentriert bisch!
Erst musch dich physisch putze, duschen, mindestens Gesicht und Hände waschen, Speisen verstauen, Schmuck und metallische Gegenstände ablegen, möglischst barfuß, ohne Hintergrundmusik, in absoluter Stille, e Tür oder Fenster öffnen, damit die schlechte Energien au wirklich rauskönne, Ärmel hochkrempeln und und erstmal die Hände sensibilisieren.
Stell Dich dem Raum vor: „Tag, Raum, ich bin die Josephine" und strahl Deine Absicht in alle Ecken. Dann schreitsch den Raum ab, machsch Kerzen und Räucherstäbchen an un versprengsch Weihwasser. Dem Schutzgeist des Hauses und den Geistern der Erde, der Luft, des Feuers und des Wassers bringsch Blumen und Gebete dar. Dann hängsch Dir e paar Glöckle um de Hals und erfüllsch den Raum mit guten Wünschen, Licht und Liebe. Und dann...dann, – gut, dann räumsch halt auf.
Ganz am Schluß klatschesch noch in alle Ecke kurz und kräftig in die Hände, damit sich die statische Energie zerstreut und dann wäschesch Deine Händ un fertig. Probiers mal!

## Weltjugendtag 2005

*Der Pop-Papst in Köln*

In Ermangelung eines Kondomes
Sah man im Schatten dort des Kölner Domes
Junge doch gestandene Katholen
Sich munter einen runterbeten

„Komm Papa Ratze, sei unser Gast
und segne, was Du uns vermasselt hast
Die junge Kirche das sind wir
Und wir sind spitz wie Kuh und Stier"
„Wahre Liebe wartet, Kinder"

sprach Ratze, unser Seelenfinder
„Weltjugendtag“, so Benedikt
„ist, wenn alles betet, keiner flucht

Glaubet fest und bedenket stets
Wer enthaltsam lebt, der kriegt kein Aids
Bedächte das der geile Neger
Bräucht´ er keine Krankenpfleger

Heißt es nicht in Schillers Lieder:
Alle Menschen werden prüder
Das soll euch nicht den Spaß verhageln
Doch auch Jesus hielt nicht viel vom Nageln!“

Da hilft dann nur nach oben blicken
Wo des Domes Uhren ticken
Und die jungen Katholiken
Dachten wieder nur ans beten

In ihren fromm bedruckten Leibchen
Sahn die Männlein, sahn die Weibchen
Schwalben segeln. Entgegen aller Glaubensregeln
Träumten sie so auch vom Vaterunser

Ja, die Gedanken, Vögeln gleich
Schwebten hoch ins Himmelreich
Durch die Wolken sah auf Erden
Petrus alle feuchter werden

In Glaubenstrance und mut´gem Tanz
Griff manch Nönnlein zu des Nachbarn Hand
Und dieser fand in ungläub´ger Glaubensgröße
wohlwollend dann auch ihre Wange

Von der Kanzel tönt es weiter
„Als Glaubensdogma gilt halt leider:
Vor der Heirat gibt's da nix“
Siehste – Hatt sich was mit kurzen Flirts
Doch Mutter Gottes auf verteilten Bildchen

Wirkte wie so ein Playboy-Hildchen
Man merkt an solchen frommen Tagen
Ikonen sind ,na ja, auch nurVorlagen

Der Pop-Papst schließlich sanft entschwebte
Auf dass er nicht mehr live erlebte
Wie die jungen Katholenbräute
Verschenkten ihre Jungfernsträuße

Und auch die strammen Glaubensbrüder
Kamen, kamen immer wieder
Und verstreuten mit gehauchtem Amen
Ihren lang zurückgehaltnen Glauben

Und gar nicht brüderlich und schwesterlich,
nein, eher gotteslästerlich
versprach man sich mit heißem Blick:
„Bis zum nächsten Gruppentag!"

Im fernen Rom denkt Benedikt:
Weihrauchumnebelt und bedrückt:
„Ich weiß, ich kanns nicht stoppen
Das zügellose Poppen

Habs doch gemerkt, die Jugend:
Viel zu rollig für die Tugend
Doch die Schäfchen in ihrer Eigenmacht
Haben die Rechung ohne Hirt gemacht

Die glauben wohl mein Zölibat
Im Vatikan sei öd und fad
Ha! Ich wills mit Messwein feiern"
Und krault sich fröhlich in den Haaren

„Kardinäle! Eine Orgie könnt nicht schaden
Eilt, bringt knusprige Oblaten
Organist, spiel Bachmusik und Märsche
Herbei, herbei und entblößet eure Häupter"
Wer glaubt, der Mann im Vatikan

Kann nicht, was jeder Vati kann,
der irrt. Doch die genauen Fakten
stehn in geheimen Akten

Die Ferkeleien, Klerikalien
Und, hört, hört! Devotzionalien
Das alles wohl ein Geheimnis bleibt
Bis Dan Brown das nächste Schundwerk schreibt!

## Missionierung

Die große Herausforderung heißt Islamisierung des Abendlandes. Überall werden Moscheen gebaut, Dialoge geführt, Missionsarbeit getrieben. Die Schweiz reagiert mit einem Minarettverbot, aber auch die christlichen Kirchen haben reagiert. Spätestens seit Mohamad Atta hat die Hansestadt Hamburg Grund genug sich besonders um türkische und arabische Jugendliche zu kümmern und zu versuchen sie zum Übertritt zum christlichen Glauben zu motivieren. Was waren das für harmlose Zeiten als „Atta" nur ein Putzmittel war.
Die evangelische Kirche Hamburg hat deshalb speziell Jugendpfarrer in der Jugendsprache ausgebildet und schickt sie auf Mission:

*(Vertreter-Typ mit Türkenmützchen, großes goldenes Kreuz um den Hals, mit Bibel)*

*„Eh Alder, kennst Du Jesus? Kennst Du Bibel? Voll fettes Buch. Jesus war cooler Typ. Immer voll Abenteuern. Aah. Dein Koran langweilisch. Dein Dschihad is was für kleine Mädschen. Jesus hat immer gepredigt Krieg gegen Römer.*
*Willst Du höre, oder was? O.k., pass auf, isch sag Dir: Chef von Römern war Herodes, eh voll arrogantem Burgemeisterdreckschwein, hat gesagt zu Jesus: Paß auf, Alder, wenn du weiterhin redest gegen misch, isch weiß wo dein Haus wohnt, isch mach dich Krankenhaus!*
*Aber Jesus gar kein Haus ghabt, mit 12 andere Spastis rumgelungert in Parkanlage Gezehmaneh. Weißt Du friedlisch mit Lambrusco und Joint von Weihrauch und so Scheiß. Aber ein fiesem Arschenlochen hat ihm verraten. Judas war Vollspasti, hat ihm geküsst. Eh, vollschwul, und so wussten Bullen: Das Jesus.*

*Eh, Alder, ham ihm voll eine ins Kreuz gedonnert. Mit voll eklisch Nägel in Hand und Fuß. Voll krass piercing.*
*Wenn tot, ham Jesus in Grab geschmisse, aber, eh, Jesus hat sich verpisst. Sein Alter später hat gesagt, dass wiederkommt, aber nicht wann. Vielleicht kommt heut mit Nachtzug.*

*Weissu unser Religion is geil, Alder. Du kannst bauen Scheiß soviel du wolle, du gehst Beischte, kriegst Strafe, muss streicheln Pfarrer oder was, dann alles okay. Nisch wie bei dein Allah und dein Koran: Wenn du Fahrrad klaust, eh voll Bein ab, wenn du Frau von Freund anguggst, wirst du gesteinischt. – Okay, wenn Märtyrer, kriegst Du in Paradies 32 Jungfrauen, kannstu rumpoppen mit geile Mädchen bis Arzt kommt. Aber komm zu uns, wir haben auch Jungfrau! Wenn auch nur eine. Aber die is für alle da. Hallelujah!*

## Unlucky George

*(Auf Steckenpferd mit Trabgeräuschen einreitend)*

Hello, I´m George Trouble-You. I come out of the Bushs. If you like, just call me Uncle Sam.
Seit ich meinen Vorgänger im Amt, Billy the oral Clint, mit meinen Petro-Dollars aus dem Sattel geschossen habe, reite ich für Euch durch die globalen Prärien. I´am the Sheriff of the mean old dirty world.
Das sieht und geht nicht immer gut aus, wenn ich versuche die Schurken und Terror-Daltons unschädlich zu machen. Mein alter Kumpel Lucky Luke nennt mich deshalb „Unlucky George“, der alte Wolfowitzcowboy.
Aber ich muß zugeben: Egal wie schnell ich ziehe, der Schatten des Misserfolgs verfolgt mich.
Schicke ich meine Hilfssheriffs in den Irak und nach Afghanistan, fehlen sie mir in New Orleans als Hilfskräfte, schicke ich meine Pistoleros ins Death Valley von Bagdad, um für Ruhe zu sorgen, können meine Leute Banditen und Bevölkerung nicht unterscheiden. „Auf die Bärte müsst ihr zielen, das sind die Schurken“, sag ich. Da hat neulich in Germany einer meiner Trapper fast den Wolfgang Thierse über den Haufen geschossen

Ich weiß, Ihr Alt-Europäer seid im Zweifel Pazifists. And why? Weil

wir euch die Schurken der Nazis vom Hals geschafft haben. Und jetzt sitzt ihr friedlich in eurem goldenen europäischen Paradies und lebt wie Chirac in Frankreich
Und gegen die heutigen Schurken? Always talk talk talk, ihr wolt immer nur verhandeln, ihr seid die talking heads der united nations. Hey folks – Wir hauen notfalls auch mal drauf. Where is the problem?
If you have a hammer....Wenn man einen Hammer hat, sehen alle Probleme wie Nägel aus.

Aber Ihr sitzt am liebsten in eurem Saloon , spielt Patience und Wirtschaftspoker, schluckt euren Rotwein aus der Toskana und lasst die Schurken frei herumlaufen. Ihr sagt Euch: Banditen schießen eher auf einen Sheriff als auf einen Bartender. Und die UNO stellt dazu auch noch den Pianisten.
Vermutlich macht ihr noch eure deals mit den Schurken, wenn sie bei euch in einem Hinterzimmer ihren islamischen Tee mit alkoholfreiem Rum schlürfen und neue Überfälle planen.
Aber es soll ja eine neue Lady hinterm Tresen das Regiment übernommen haben in eurem Saloon. Vielleicht wird mit der ja besser.
Hey folks: Da draußen ist der Dschungel. Okay – wenn man nur mit einem Taschenmesser bewaffnet ist wie ihr, jagt man keine Grizzlies. Ihr versucht sie zu zähmen und am Nasenring vor der UNO antanzen zu lassen. Ich verlass mich lieber auf meine Bärentöter.
Wir haben in our country den Umgang mit uneinsichtigen Ureinwohnern gelernt. Erst mal die Bodenschätze enteignen, notfalls alle Widerspenstigen plattmachen und dann haben wir mit unseren Sklaven das Land aufgebaut. Das ist unser Modell für die Welt, folks.
Merkt euch two things: Egal welche kulinarischen Köstlichkeiten auf der Weltspeisekarte stehen – die Schlachtplatte bestimmen wir, ihr könnt dann anschließend das Geschirr wegräumen. Und zweitens: Mit vollem Mund protestiert man nicht!
Und wenn das im Irak noch lange so weitergeht, dann wird meine treue Sklavin im Außenamt, Black Baby Condy, den Laden plattmachen, den Staat auflösen und drei Kleinstaaten draus machen. Mit 3 Ländernamen, die man sich auf dieser fucking Weltkarte merken kann: Diesel, Benzin und Super! See you in a better world of freedom!

## Gammelfleischdesignerin

*Wer heut noch einen Job will, der muß gute neue Ideen kreieren. Ich arbeit als eine Art Notdienst für die großen Discounterketten an der Fleischtheke. Meine Aufgabe: Gammel-Fleisch-Designing. Sog mer mal, der Discounter hat grad an 5 Jahr altes Fleisch von der EU ersteigert und günstig über die Ukraine eingführt. Da gehst her, taust des Fleisch auf und schaust dirs erst amol o, wies ausschaut.*
*I demonstrier des grad emal (holt Plastikfleischattrapen).*
*Den Fleischbeschauer machst quasi nebenbei grad a no mit, des spart Dir Gebühren und so weiter. Überprüfst erst amol auf Trichinen, moastens koan Problem net. So e lange Gefrierzeit des überlebt koa Trichine net.*
*Gefrierbrand schneidst weg, wenn das Fleisch zu stoark in alle Farben schimmert, tuasts abpudern, oder legst an Rouge auf. Notfalls den Schimmel mit anere Nagelfeile weghobeln, dann grundieren mit enere Haftcreme, je nach fortgeschrittenem Stadium und je nachdem nach was dös Fleisch hernach ausschaun soll, an Kalb, an Rind, e Lamm oder e Sau, mischst Du die Rottöne. Im Prinzip a ganz normale Kosmetik halt, im Grunde wie sich dös Gammelfleisch draußen vor der Stadt in ihrene Wohnwagen a aufbrezelt.*
*Ganz wichtig, gaaanz wichtig: Kontrolle der Ladentheke! Das Neonlicht muaß so eigstellt sein, dass sagen wir mal an Straußenfleisch, wos ja eine lange Reise hinter sich hot und dann drei Jahre eingefrorn wor, – dös hat übrigens den Vorteil, dass es lang vor der Vogelgrippe gschlachtet wurd, verstehst? – wichtig, daß dös so aussieht, als obs no leben dät. Guat, a manches Floisch lebt schon wegen die Maden, aber dös moan i jetzt nit. Falls des mol passiert, dann sammelst sie halt ein und verkaufsts dem Koreaner auf dem Viktualienmarkt.*
*Na, was i moan, damits Fleisch ganz frisch aussieht, da gehst her und montierst unter der Theken on kloanen Viehbrator – an „Viehbrator“, verstehst, dös is an Wortspiel! – mit Zeitschaltuhr, so dass dös Frischfleisch ab und zu noch zuckt.*
*Also, wenn ihr wieder mal in den Discounter kommts – man sieht sich an der Theke. Pfuits eich!*

## Beleidigungsverweigerung

*Typ Sozialarbeiterin*

Du, ich fand das ein Stück weit ziemlich scheiße, das mit den dänischen Karikaturen und so. Ich find einfach das ging ein Stück weit zu weit, ne. Wer den Dialog der Kulturen und so will, der muß auch ein Stück weit Rücksicht nehmen auf die Empfindlichkeit anderer. Die islamischen Völker z.B. die ham ein Stück weit ne ganz andere Landkarte, ne, also ne andere Denke irgendwo.

Ich hab mir halt gesagt, daß man am besten die Provokationen unterlässt und hab mal bei mir angefangen und mich gefragt, wo ich vielleicht andere Gefühle verletzen könnte.

Ich wollt z.B. neulich auf Ibiza bei einem wet-shirt-contest mitmachen, einfach so zum Spaß, ne, aber da war mir plötzlich klar, daß das vielleicht die religiösen Gefühle einer Muslima in Karatschi verletzen könnte, wenn man meine Möpse sieht, ne, wer weiß ob dieser Wettbewerb nit im Internet gezeigt wird und wir sind ja alle irgendwo ein Stück weit vernetzt. Ja gut und dann hab ichs gelassen.

Auch mein Speiseplan hab ich vollkommen umgestellt. Warum soll ich Muslime aber auch orthodoxe Juden damit kränken, daß ich Schweinefleisch ess? Gerade wir Deutschen ham da ja auch ein Stück weit eine historische Verantwortung, ne.

Auch Kuhfleisch hab ich total vom Speiseplan gestriche. Nicht daß da irgendein Hindu in Rabalpindi Amok läuft. Aber das war dann schon ein Problem. Weil ich war ja mit meiner Trommelgruppe bei einem workshop in der Mongolei, da ham die Einheimischen uns Yakfleisch angeboten. Und das dann nicht zu essen, hätte wieder die beleidigt. Selbst ein Glas Alkohol hab ich dann getrunken, obwohl das sagemermal ein Taliban in Kundus sicher total daneben findet. Weltumspannende Verantwortungsethik isch nicht einfach, aber man muß es doch wenigsten mal probieren, ne.

Ich geh jetzt als Frau auch nimmer allein aus oder einkaufen und so. Das würd ja viele traditionelle Türkinnen bei uns in der Stadt irgendwo auch provozieren, obwohl sies ja gar nicht sehn, weil sie ja nicht allein ausgehn, aber jetzt mal egal. Der Achim, also mein Achim, den ich jetzt dann doch geheiratet hab, damit die Pietisten aus meinem Heimatdorf nicht beleidigt sind, ne, der geht dann immer mit.

Läuft dann immer ein paar Meter vor mir, ein Stück weit.
Der hat mir auch eine Burka geschenkt, falls ich mich mal aus Respekt vor anderen Sitten verschleiern wollt, er selber fänds auch nicht schlecht manchmal, aber das hab ich – glaub ich – nicht richtig verstande, ne.
Aber weisch andererseits: Verschleiern, das wär ja wieder für die Chakapukas am Amazonas total beleidigend, weil die ja noch vollkommen nackt durch den Urwald schlappen.
Ach ja. Du musch Dir einfach mal klarmachen: was unser Lebensstil so bedeutet in der ganzen Vernetztheit unserer Welt. Wir demütigen und verletzen täglich soviel Menschen und ich find halt, wir sollten einfach ein Stück weit mehr Toleranz üben. Wer mehr Menschlichkeit will, der muß halt auch mal zurückstecken. Ich hab jetzt aufgehört Bücher zu lesen, nicht daß ein Analphabet womöglich traurig wird. Und mein morgendliches Joggen wird ich jetzt auch einstellen, das demütigt doch jeden Querschnittsgelähmten ein Stück weit. Das wollt ich euch einfach mal kommunizieren, ne, aber ich werde mir jetzt ein Sprechverbot auferlegen, sonst zündet ein taubstummer Südseebewohner womöglich noch die deutsche Botschaft in Papua-Neuguinea an.

## Tirol-bayrisches Tagebuch

*Subcommandante Bruno*

Meine Mutter Jurka gab mir meinen Namen nach einem ihrer Vorbilder, einem Guerillero, der einst durch die Wälder Boliviens streifte – Che! Mich nannte sie Che-Che 1. Ich selber gab mir den Kampfnamen: Subcommandante Bruno

4. Mai 06
Heute machte ich mich auf den langen Marsch und überschritt die Grenze nach Österreich. Aufrecht stand meine Mutter da und hob zum Abschied noch einmal ihre Tatze. Von ihr habe ich meine Taktik gelernt: Zuschlagen und sofort untertauchen. Vermutlich werde ich sie nie wiedersehen. Aber der Kampf für eine freie wilde Natur erfordert von uns Bärilleros Opfer.

9. Mai
Keiner scheint mich wahrzunehmen. Seit mehreren Tagen trotte ich täglich bis zu 30 Kilometer durch die Wälder und über Almen des lustigen Tirols. Die öko-terroristischen Alpenbewohner dösen verschlafen. Ich werde sie mit einer Aktion aus ihrem naturvergessenen Spießerschlaf aufschrecken müssen

10. Mai
In Vorarlberg reiße ich zwei Schafe. Mit blöden unterwürfigen Augen schauen mich diese korrupten, der wilden Natur entfremdeten Diener des Systems an, als meine Pranken sie mit einer geschickten rechts-links-Kombination niederstrecken. Ein zwei Happen, dann schnell untertauchen. Eine Schulter schleife ich als Wegzehrung mit in die Büsche.

17. Mai
Ohne von den Grenzsöldnern bemerkt zu werden muß ich deutsch-bayrisches Territorium betreten haben. Von einem meiner Späher, einem Adler, erfahre ich, dass ein Minister erklärt haben soll, ich sei willkommen. Vermutlich eine Falle. Wenn ein Minister „Schnappauf" heißt, sollte man gewarnt sein.

19. Mai
Heute ließ ich es mir gutgehn. Habe mich mit einigen süßen Bienen vergnügt. Von den Schafen, diesen blöden domestizierten Haustieren, habe ich in den letzten zwei Tagen weitere 7 eliminiert. Die feindliche Propaganda-Presse nennt mich „Problembär" und gibt mich zum Abschuß frei. Endlich werde ich ernstgenommen.

1. Juni
Die feindlichen Truppen rufen den Bündnisfall aus und fliegen finnische Elchhunde ein. Außerdem wollen sie mich mit einer jungen Bärin in die Sexfalle locken. Aber wer sich für den Untergrund entschieden hat, ist für die Liebe verloren.
Ich werde mich in den Wäldern versteckt halten. Am 2. Juni warten sie nur auf eine Bewegung von mir. Aber die Bewegung 2. Juni wird nicht stattfinden

8. Juni
In der Nähe von Bad Tölz habe ich einige Ställe inspiziert. Bestochen durch pünktliches Futter sind viele ursprünglich wilde Tiere für unsere Sache verloren. Die dümmsten Kälber wählen ihre Metzger selber. Rundumversorgung ist ihnen zur zweiten Natur geworden. Freiwillig kriechen sie den Ausbeutern in die Ställe. Für heute genug gesehn vom Schweinesystem. Angewidert trolle ich mich in die Büsche.

15. Juni
Ein finnischer Elchhund stellt mich. Versuche ihn zur Desertation zu bewegen und sich mir anzuschließen. Nach langer Diskussion lässt er mich laufen, nachdem ich ihm mit einem frisch gerissenen Schaf bewiesen habe, dass ich kein Elch bin.

16. Juni
Nähere mich vorsichtig einer Siedlung und schleiche mich auf eine Terrasse einer bayrischen Rentnerin. Als sie mich sieht geht sie auf die Knie und bellt wie ein Hund. Ich denke: Zweibeiner, die Fremdsprachen sprechen, sollte man in Ruhe lassen. Ich lasse sie überleben. Anschließend habe ich mir einen frivolen Spaß erlaubt. Habe mich für kurze Zeit vor die Polizeiwache in Kochel am See gesetzt, die Zunge rausgestreckt und bin davongerannt. Wer sich nicht in Gefahr begibt, kommt darin um. Die Jäger sollen wissen, daß ich keine Angst habe und dass sie jederzeit die Gejagten sein könnten.

21. Juni
Ein Bussard erzählt mir, daß in den Bäckereien inzwischen Bärentatzen verkauft werden und ganze Horden von Schulklassen „Bruno“-T-Shirts über ihren gepiercten Bauch-Näbeln tragen. Meine Mission scheint zu greifen. Von befreundeten Murmeltieren erfahre ich zudem, dass die finnischen Suchtrupps abgereist sind. Venceremos. Bald kann ich meine Brüder nachkommen lassen. Die Lage scheint sich zu entspannen.

26. Juni 06
Es ist noch früh. 4.00 Uhr morgens, wie ich am Stand des Großen Bären sehe. Ich habe mich zu sehr in Sicherheit gewiegt. Irgendeine gezähmte Bergdohle, die für den Feind arbeitet, muß mich verraten haben. Die Bärentöter sind ganz nah. Ich kann sie wittern. Gestern

Abend hat mich der Wirt einer Berghütte erspäht. Ich wollte über den Spitzingsee fliehen, aber drei Jäger haben mir den Weg abgeschnitten. Ducke mich im Moment an die Felsen der Rotwand. Wenn ich mich bewege bin ich verloren.
Ich habe mich dennoch entschieden loszutrotten. Etwas besseres als einen Käfig finde ich allemal. Ein wahrer Bärilla-Kämpfer stirbt nicht an Zivilisationskrankheiten wie Herzverfettung, sondern mit einer Kugel im Bauch. Die Kunde meines Märtyrertodes wird über die Alpen dringen bis ins Trainingscamp meiner Mutter und sie wird meine Brüder losschicken um mich zu rächen. Und Che-Che 2 wird kommen. Freiheit oder Tod!

## Luis Trenker auf dem Gipfel

Grüeß eich Gott allemiteinander, ihr lieben Bergkameraden. I hab immer gedacht, dass i in Europa alle Gipfel bestiegen hätt, den Großglockner, den Rosengarten, den Eiger, Mönch und Jungfrau, – die hab i glei mehrfach bestiegen, – da hab ich Anfang Juno erfahren, dass es in Norddeutschland bei die Flachlandtiroler ein großer Gipfel geben soll, den bisher noch niemand bestiegen haben soll, weil sie alle gescheitert san, es hat au schon Tote gegeben: Den G-8-Gipfel.
Dann hab i zu mir gsagt, Luis hob i gsagt, denn ich sag ja Du zu mir: Luis, wenn oaner den G-8-Gipfel schafft, dann i!
I hob mein Rucksackl packt, an Speckch, an Bärwurz, meine Steigeisen, den Tirolerhuat aufgsetzt und ab gings in den hohen Norden. Vermutlich heißt des ja „hoher“ Norden, wegen dem wahnsinnigen Gipfel, dens da geben soll.
Schon auf dem Weg dohin wurd ich immer wieder von Bergsportlern im grünen Wams fotografiert. I hob gar nit gwußt, dass i in Deutschland noch so viele Verehrer hob.
Und wie i do akemme bin, da worn schon tausende Gipfelstürmer im Basislager versammelt. Alle guat drauf, a zünftige Stimmung. Gsungen hams, gschunkelt hams und einige ham beschriebene Bettlaken in die Luft ghalten: für e saubere Bergluft, an besseres Klima und dass alleweil die Sonn oben abi scheinen und auch der Neger in Schwarz-Afrika alleweil a zünftige Brotzeit kriegen soll. Da hab i wieder gwußt: Bergfreunde sind halt nit nur zünftige Burschen und Madeln, sondern au Menschenfreunde

Am nächsten Dag sollts mit einer Gratwanderung auf den Gipfel gehen. Über die Nordroute auf den Heiligendamm. Aber, was soll i euch sagen: Alles war abgsperrt. Man hat erzöhlt: 8 Großkopfete sollen da oben auf dem Gipfel mit ihren Sherpas a Riesen-Party feiern, mit Champagner, Almdudler und a paar knackige Landjäger. Und uns wollens nit aufilassen. „So a Sauerei", hob i gschrien: Wenn der Berg ruft, dann will i a aufi.

Und wie mir grad alle am Schreien und Protestieren san, uff oamal, was soll i euch sagen, da donnert ein Flugzeug knapp über uns hinweg wie damals im zwoaten Weltkrieg die Stukas über Bozen. Alle hom des Genick eingezogen. A Trachtengruppe vom Schwarzen Block ist aus der vorgeschriebenen Bergroute ausgstiegen. Dös hat einen Steinschlag ausgelöst und eine ganze versammelte Mannschaft in grünen Uniformen – vermutlich – Revierförstern, die sin in den Steinhagel einigeraten. „Jesses Maria" hab i gschrien, aber da kam schon die Bergwacht und weil's so heiß war, – d Sunn hat obenabi geknallt, dass der Teer in den selbstgedrehten Zigaretten gschmolzen is-, hat die Bergwacht, diese gueten großherzigen Burschen, unsere Kameraden vom schwarzen Block mit Wasserwerfern abgekühlt, so dass sich einige sogar vor Freude auf den Boden gschmissen ham. Und anschließend ham sie die schwarze Trachtengruppe –wahrscheinlich zum Trocknen – in ihre Schutzfahrzeige gebracht.
E paar Kameraden ham in der Zwischenzeit versucht mit einem Schlauchboot über an riesen-großen Gletschersee – Ostsee hams ihm gsagt – an den Fuß des Gipfels zu kchemmen. Plötzlich kommt a modernes großes Motorboot um die Ecken gschoßen und isch oafach mit einem Mordstempo über die Burschen im Schlauchboot drübergfahren. Wie vom Blitz troffen san unsere Kameraden ins Wasser gfallen und oanen hats bös in die Schiffsschrauben gwickelt. Des Bluat hat gspritzt, die Knochen hast krachen ghört, die Leut ham gschrien, kurz: des war e Mordsgaudi. Kruzifix nochemal hab i gedacht, jetzt aber schnell übern Zaun.
Und wie i grad mit mein Steigeisen in den Zaun einisteigen wüll, da wird i aufghalten von so anem Bergwachtler. Der hat gsagt, er wird mir jetzt mal so richtig zeigen wos lang geht. Jo, hab i gedacht, wenn es ein Einheimischer ischt! und hat mi mitgnommen in a Berghütten, wo außenrum mit Stacheldraht gschützt war, und do hat er die Tür

abgschlossen, wahrscheinlich, dass nit jeder zu mir reinkommt und an Autogramm will.
Drei Tag hats gedauert, do hot der Bergwachtler mi wieder aussi glassen. Und was soll i euch sagen: Der Gipfel war weg! Da hab i gedacht: Seltsame Gipfel hams do heroben im Norden. Vermutlich is dieser G-8-Gipfel e Wanderdüne. Wer weiß, wo der wieder auftaucht.
Oans – des versprech i euch: Zum G-8-Gipfelstürmen – do kimm i nimmer! Pfuits Eich!

## St. Pauli – oder: Die geile Gabi

*(eine pathetisch zu zelebrierende Ode)*

Oh Du, Zer-Stoiberin
Latexbewamste rote Domina
Deine Lippen hauchen C S U
Chic – Sexy – Unabhängig
Oh, Du, meine Land-Rättin aus Fürth!

Du spielst die taffe Rockerbraut
In einem Land, wo man dunkles Weißbier braut
bretterst Du mit deiner Maschine
Durch hügelige Landschaft
Aber rothaarig, french nails
Und wechselnde Männerbekanntschaft?
Wie soll das gehn in einem Land
Wo der weißwurstfressende Lodenträger im Viereck springt
Wenn Dein kokettes Konterfei
In sein kruzifixbehängtes Wohnzimmer dringt?
Weder Promi-Gattin noch dralle Mutterkuh
Paßt das in die CSU?

Und aus dem aufgeknöpften Leder
Ich gebs zu, ich seh da gerne hin
Quellen Dessous...
Man sieht: Du bist Spitzen-Politikerin!

Kleiner Nachtrag:
Die kleine Tierschau sang dereinst:
„Lieber doof sein als Gabi heißen" –

Mensch, Pauli, wenn beides zusammentrifft –
sollte man sich zusammenreißen!

## Live Aid der Volksmusik

*Florian Silbereisen*

Liebe Freunde der Volksmusik, dieses Jahr wollten selbsternannte Helfer und Gutmenschen aus der internationalen Musikwelt wieder einmal die Welt retten. Wenn diese oft genug drogenverseuchten und halbkriminellen Rocker und Jugendverführer unter dem ausländischen Schlagwort „Live Aids“ gegen Hunger und Elend antreten, da wird dann immer angeprangert, kritisiert und rumgenörgelt gegen Wirtschaft, Politik und böse Menschen. Wir aber wissen, Hilfe kann immer nur von Menschen für Menschen kommen. Und so haben auch wir Volksmusiker eine eigene Hilfsaktion gestartet. Und zwar mit unseren Mitteln. Mit unserer schönen Volksmusik. Wir haben eigens liebe Musikanten eingeladen, gerade jungen Burschen und beschnittenen Madeln in der sogenannten 3. Welt unter die verschwitzten Arme zu greifen.
Mögen uns die andern für hinterwäldlerische Dumpfbacken halten: Wir haben es gemacht und zu Ihnen gesagt: Live Ätsch!
Hier unser lieber Freund Willi, der Herzecker Wildbub, der da neben mir steht und kein geringer als ich, wir sind runtergefahren, und ich kann Ihnen versprechen, wer die leuchtenden Augen dieser jungen Mädchen und Negerbuben gesehen hat, der weiß: Die Not mit Noten bekämpfen, muß da ansetzen, wo die Not beginnt: Im herrlichen mittleren Afrika, am Fuß der weißen Gipfel des Kilimantscharo, wo sich Elefant und Wüstenmaus, wo sich dunkle Menschen in farbigen Gewändern und die Berggorillas Gute Nacht sagen.
Und wir haben gerne geholfen und singen für Sie alle noch einmal, was wir auch da unten vor glücklichen Kinderaugen und ausgestreckten Bettlerfingern gesungen haben. Bitteschön!

### Almosen-Song

Heut machma mal kei Brotzeit net
Heut mach mer uns mal Sorgen
Kriegt der Schwarze seine Weißwurst net

Dann kommt er zu uns Morgen
Und für den Überlebensdurst
schick mer ihm a Leberwurst
A Bärwurz und an Enzian
Er mueß au was zum Saufen han

Gib mir mal den Radi da
Den schicken wir nach Afrika
Und als frische Almosen
Schickmer Chappi-Dosen
Sonst kommt das Fremdenheer
Und frisst den Aldi leer

Was will, frag i mei Jutta,
der Bimbo in Ceuta?
Schick mer halt a Carepaket
Damit er nit verhungern tät
E Haxen und a Wiesen-Maß
Sonst beißt er uns ins Steppengras
Ja – I öffne gern den Beutel mal
Bleibt der in seinem Negergral

*(Evtl. noch mal Refrain:)*
Gib mir mal den Radi da
Den schicken wir nach Afrika
Und als frische Almosen
Schickmer Chappi-Dosen
Sonst kommt das Fremdenheer
Und frisst den Aldi leer

## Militärpfaffe

Neulich nach einer Grabrede, als wir wieder einmal einen unserer tapferen Kameraden in der unwirtlichen Wüste von Afghanistan verabschieden mussten, kam ein anderer junger Soldat nach dem Feldgottesdienst zu mir in die Sprechstunde und fragte mich, ob er recht daran tue, wenn er an seinem Tun zweifle. Er gestand mir, dass er Angst habe und in seiner Angst und zur Ablenkung vom tödlich langweiligen Dienst

manchmal Dinge tue, die vielleicht nicht rechtens seien.
Er erzählte mir beispielsweise, dass er ab und an mit zufällig herumliegenden Totenköpfen Fußball spiele oder auch einmal mit anderen Kameraden über einem solchen Schädel sein Wasser abschlug. Ein ander Mal habe er sogar seinen....nun ja, seinen Penis, seinen Schniedelwutz zwischen die Unterkiefer geschoben.
Ich sagte ihm, dass das vielleicht mancher in den falschen Hals bekommen könne, beruhigte ihn aber und gab ihm zu verstehen, dass es mich freue, dass er sich mir gegenüber öffnete und beichtete.
Und ich sage euch, liebe Gemeinde, brecht nicht den Stab über diesen Kameraden, der für euch draußen in den Sandwüsten eure Freiheit verteidigt. Vielleicht setzt er sich mit diesen für uns abscheulich wirkenden Handlungen ja gerade mit seinem eigenen nahen Tod auseinander. Wer kann erahnen, ob nicht auch um ihn bald eine Mutter weinen muß, ob er mit einem abben Bein nach Hause humpeln oder womöglich demnächst mit einem abben Arm vor der Gulaschkanone steht und über den Begriff „einseitige Ernährung" grübelt?
Opfer müssen gebracht werden und so sagte ich zu dem jungen, mit Zweifel behafteten Deutschen: Hadere nicht mit Deinem Schicksal, denn siehe auch Jesus wurde in die Wüste geschickt und dort vom Teufel versucht. Und wenn auch Dir irgendwann verloren in der Einsamkeit der afghanischen Wüste wieder der Beelzebub des Zweifels erscheint, vertraue auf Deinen Herrn, der da heißt Franz Josef Jung. Vertraue auch darauf, dass dieser Herr seinen Namen nicht umsonst trägt. Franz wie Franz von Asissi, der demütig und noch karger als Du sein Dasein fristete, Josef wie Josef, der Sohn Isaaks, der auch in den arabischen Landstrichen verraten und verkauft wurde, aber am Schluß wieder zu seinen Brüdern heimkehrt und dann der schöne Name Jung! Jung kann man steigern, viele sagen, er muß es auch. Jung, Jünger, jüngster Tag! Jung und Du als sein Jünger bis zum jüngsten Gericht. Falls also in einer kalten Nacht am Hindukusch der Zweifel an Deinem Dienst wieder seine Fratze erhebt und in Dein klappriges Tarnzelt schleicht, trete unerschrocken vor ihn hin und sage: Hin! Du! Kusch! – Amen.

## Ich will keinen Westerwelle

Wir sind wieder gut liquide
Im Binnenmarkt und auch global
War da irgendwo ne Krise?
Wir sind neo-liberal
Der Guido sagt so muß das bleiben
wenn der Sozialstaat auch verreckt
Der Fiesling schlägt mir auf den Magen
weil mir das Ganze so nicht schmeckt:

Ich will keinen Westerwelle
Ich will lieber Maoam
das man kauen, kauen, kauen
und auf den Boden spucken kann

Globalmarkt ist die große Falle
in die wir alle laufen solln
bloß weil die, die alles haben
immer mehr noch haben wolln
Ade soziale Hängematte
Ade Du liebe AOK
Gesundheit, Arbeit oder Rente
Sind bald alle nicht mehr da

Ich will ...

Die Deutsche Bank macht fett Gewinne
Siemens, Daimler, Vodaphone
Die oben raffen was zusammen
Und unten gibt es Billiglohn
Verarschen können wir uns selber
Heuschrecken fressen alles kahl
Guido, Wichser, Burschenschaftler
Hey, Du kannst uns alle mal

Wir woll´n keinen Westerwelle
Und auch keine Koch-Mehrin
Denn diese Neo-Liberalen
Sind uns zu mächtig in Berlin

Bildung gibt's nur für Eliten
Die andern schauen in den Mond
Überleben wer´n die Fitten
Weil sich für sie die Chance lohnt
Diese Freiheit, die sie meinen
Ist für Große nur gemacht
Dann gilt noch mehr für uns Kleinen
Pech gehabt und gute Nacht

Wir woll´n keinen Westerwelle
Wir woll´n lieber Maoam
Das man kauen, kauen, kauen
Und auf den Boden spucken kann!

## Beerdigungsrede für einen Raser

Liebe Trauergemeinde, wenn wir uns heute von Bernd verabschieden und ihn 2 Meter tieferlegen, denken wir gerne noch mal an die vielen Ralleys zurück, die wir mit ihm erleben durften. Wer wird je vergessen, wie er nachts in einer Allee in Brandenburg 5 Pappeln streifte und danach sich lachend aus seinen airbags wühlte.
Auch das Abdrängen eines Sonntagfahrers im Harz haben wir alle, außer dem spießigen Hutträger, den es mit seinem VW Jetta unterhalb des Brockens in den Abgrund schleuderte, in freudiger Erinnerung. Bernd war ein Draufgänger. Drunter hat er es nie gemacht. Bernd hat nie eine Zahnpasta gebraucht, um auf die Tube zu drücken. Für ihn war Autofahren nicht nur Motorsport, sondern immer auch ein Rasensport. Das Heulen seines Motors hat immer jedes Schluchzen seiner Beifahrerinnen übertönt.
Auch die Umwelt lag ihm immer am Herzen. Im Grunde fuhr er immer nur so schnell, weil er sich sagte: Je schneller man an einem Baum vorbeifährt, um so weniger wird der belastet.

Wenn er heute für immer seinen Zündschlüssel abgibt, so tröstet uns manche Bremsspur, die er hinterlassen hat, manche Beule an sich und an seinem geliebten Gefährten, seinem treuen Gefährt.
Als Bernd am vergangenen Sonntag in Korsika von der Küstenstraße wider einmal mit seinem Kopf durch die Wand wollte, und es auch schaffte, indem er die Uferböschung durchbrach und eigenwillig seinen eigenen Weg ans Meer suchte und fand, haben den Aufschlag und den Knall seines Benzintanks randvoll mit V-Power wohl nur seine Kennwood-Boxen mit „Highway to hell" übertönt.
Lieber Bernd, wir überlassen Dich hiermit in diesem formschönen roten Hochglanzsarg mit Heckspoiler, aufgebahrt im Rennanzug und bequemem Schalensitz deinem letzten Rennen. Der Fuchsschwanz an der ausziehbaren Seitenantenne möge Dir Glück bringen. Der Grabstein in Form eines Helmes wird uns immer an Dich erinnern.
Und immer wenn wir in Zukunft glauben zu sehen, wie ein Gewitter aufzieht und wir ein Donnern am Himmel hören, können wir gewiss sein, dass Bernd, so wie er auch oft uns zu einer Spritzfahrt überredet hat, vermutlich Petrus überreden konnte, neben ihm die Milchstraße entlang zu donnern.
Das alte Sprichwort: „Der Mensch denkt, Gott lenkt" muß ab dem heutigen Tage umgeschrieben werden. Wir, seine Kameraden wissen: Bernd hat nie einen fahren lassen. Also wird er auch da oben selber lenken. Gib Gas, Bernd!

## Generation Milchschaum

Diese Jugend heute – nix als Computer im Kopp. Und Milchkaffee aufschäumen! Das können se: Aufschäumen und Blasen schlagen. Diese asozialen Ellbogen-Idioten. Immer ihre Ohrstöpsel drinnen, entweder ipod oder handy, immer online. Wir waren noch „auf zack", die sind „on line".
Autisten, nix als Autisten. Mit gelegentlichen aseptischen Kontakten in irgendwelchen blogs. New kids in the blogs. Unter einem schwarzen Block verstehn die ein Interenetforum der CDU.
Kastrierte Zombies. Die Generation Milchschaum.
Und dann wollen sie alle was werden in den Medien. Da hat doch jeder schon 10 Castings mitgemacht als Superstar, als Eltern auf Probe oder als Kanzlerkandidat. Jede Dorfpute will Model werden bei Heidi

Klum. Oder sich gegenseitig bei Lehrstellen-Castings rausmobben. Aber alles virtuell. Real können die gar nix. Wenns hochkommt mal ein, zwei drei Praktikümmer. Wenns hochkommt, und mir kommts hoch bei denen.
Die haben die Ellbogengesellschaft doch verinnerlicht. Sich permanent selbstinszenierende Konkurrenz-Zombies. Und selbstausbeutend in Leihfirmen, mit befristeten flexiblen Verträgen oder als start-up-Unternehmer. Vollgepumpt mit Ritalin 16 Stunden jobben, damit sie das überhaupt aushalten. Ritalin, dieses Koks für Feiglinge. Die kennen kein Wir, immer nur ich, ich, ich. Und wer denkt an mich?
Wir wollten noch die Welt verändern. Und sie hat uns doch auch ganz schön verändert. Wenn diese Milchquirler fairgehandeltes Obst und Bionüsse eingeschmissen ham, dann halten sie sich bereits für politisch. Träumen aber vom Aufstieg im System, als irgendwann gutverdienende digitale Bohéme. Vorläufig aber jobben sie erst mal als Werbegirls bei einem Zigarettenkonzern oder als Callboy für einen Computerdoktor. Alles immer nur vorläufig und unsicher. Den Kopf immer im globalen Netz, der Körper vereinsamt, verwahrlost und mit Schokolade aufgedunsen, aber immer mit dem neuesten Duftwasser besprüht. Für was eigentlich? Gibt's jetzt schon Riechleitungen beim Cyber-Sex?
Diese sozial psychotischen Panzerfahrer, die nur noch im Internet wohnen, die E-Mail Adresse als einzig sicherer Standort. Von Standpunkt ist erst gar nicht die Rede. Immer nur Surfen durch Facebook und My Space, das Neuste von den Dächern twittern, die Piratenpartei wählen, und wenn sie den Kopf mal vom Bildschirm heben, lesen sie NEON, diese Bravo für Halberwachsene, dieses Zentralorgan des jungen deutschen Gefühlspekariats.
Ne, ne, ne. Wir haben noch geschäumt vor Wut, wenn bei denen was schäumt, dann ist es der Milchkaffee.
Wir sind noch auf die Straße gegangen, die gehen in den Chatroom. Und was dort besprochen wird ... hör doch mal rein ... das sind doch keine Dialoge, sondern statements von isolierten Egomanen. „Gut, dass wir nicht darüber gesprochen haben“.

Unsere Generation hat denen doch die ganze Freiheit erkämpft, und die Technik erfunden, die uns selber längst über den Kopf gewachsen ist, die sie jetzt wesentlich besser beherrschen und uns deshalb auslachen. Oder sie beschimpfen uns, dass wir Ihnen die Rente wegfuttern.

Kein Respekt vor unserer Lebensleistung. Das ist keine Generation – das ist eine De-Generation. Milchschäumer! Igitt!

## Laufzeiten

*Zwei Jogger*

A: Schau an, der alte Brunsbüttel, wie läufts?
B: Geht so, Mensch Krümmel, wusste gar nicht, dass Du immer noch läufst
A: Und? Alles fit im Schritt?
B: Na ja, es zwickt da und zieht dort
A: Wir sollten unsere Laufzeiten verlängern
B: Ich wollte eigentlich langsam reduzieren und mich in ein paar Jahren stilllegen
A: Ne, das bringt alles erst auf Dauer was
B: Ich weiß nicht, langsam wird bei mir alles marode
A: Gerade deshalb solltest Du dich fit halten. Meine Kranzgefäße sind auch nicht mehr die besten
B: Du läufst ja auch schon ewig. Mir geht das zunehmend auf den Kühl-Kreislauf
A: Ich sag immer: Wer Probleme mit dem Kreislauf hat, sollte gerade aus laufen
B: Langsam stelle ich bei mir auch eine gewisse Inkontinenz fest
A: Na, bei deinem Namen
B: Wie? Bei meinem Namen?
A: Brunsbüttel
B: Idiot. Ich kann manchmal einfach das Kühlwasser nicht mehr halten
A: Du bist doch nicht ganz dicht
B: Ja eben
A: Dann musst Du dich halt pampern, wenn Du in die Öffentlichkeit gehst. Wir können doch jetzt nicht schlapp machen. Mehr Ausdauer, Brunsbüttel
B: Und Du, rauchst Du noch?
A: Mehr so nach innen. Seit dem Rauchverbot kann man ja nicht mehr einfach so Dampf ablassen.
B: Und Deine Turbine?
A: Bestens. So eine Damenbegleitung ist schon toll, wenn man rumstromert

B: Damenbegleitung?
A: Du hast doch von der Tour-Biene angefangen. Komm, eine Runde schaffen wir noch.
B: Ich gebs ja zu: Das Training und der Muskelzuwachs tun schon gut
A: Eben. Und jetzt wo wir ordentlich Muskeln aufgebaut haben, sollten wir auch mit ihnen spielen
B: Ich weiß, länger laufen ist ziemlich *verdienst*voll
A: Siehste
B: Denk nur an den Energieverbrauch
A: Na also
B: Aber jetzt wollen sie ja eine Steuer auf längere Laufzeiten einführen
A: Das ist im Kern richtig, aber das sind Hürden, die können wir umgehen
B: Oder irgendwie überspringen
A: Eben. Das muß man sportlich sehn. Und sonst so?
B: Alles im grünen Bereich
A: Sagen wir im schwarzen Bereich. Wenn ich grün nur höre, fange ich sofort an zu übersäuern
B: Gönn Dir eine Verschnaufpause
A: Das kann ich mir nicht leisten
B: Immer unter Strom, mein alter Brunsbüttel. – Da vorne, ist das unser Weg? Die Kurve geht ziemlich steil bergauf
A: Ein Schotterweg
B: Ziemlich viel Schotter
A: Ja, aber auch ein Zugewinn an Gesundheit
B: Ich weiß nur, je länger ich laufe, desto stärker steigt das Risiko
A: Jetzt mach Dir doch keine Sorgen um einen kleinen Muskelfaserriss
B: Ich fürchte eher einen Herzstillstand
A: Eben. Stillstand kommt überhaupt nicht in Frage
B: Na dann
A: Komm, die Kurve kriegen wir noch
B: Schau, da vorne kommt uns die Merkel entgegen
A: Solange die uns so entgegen kommt, können wir noch ewig laufen
B: Dann mal weiter so, Krümmel, ich lauf hier weiter
A: Machs gut, Brunsbüttel. Und: Nicht resignieren – immer strahlen!

1. Mo
29. Mo

5. Mo
6. Di
13 Di

Bestellungen für dieses Büchlein „Weltanschauung", sowie die Vorgänger-Bändchen „Heimatfront" (2005), „Trocken" (1997), „Keep Styling" (1991), und „Gestyltes Deutschland" (1989) direkt beim Autor Volkmar Staub, Hornstr. 23, 10963 Berlin oder volkmar.staub@web.de

Engagementvermittlung: tempi-Künstleragentur
Jutta Tempelmann
06131/540986
tempikuenstler@aol.com
www.tempi-kuenstler.de